书山有路勤为径，优质资源伴你行
注册世纪波学院会员，享精品图书增值服务

社群裂变

超越销售的客户成功

Customer Communities
Engage and Retain Customers to Build
the Future of Your Business

[美] 尼克·梅塔　罗宾·范·利斯豪特　著
　　（Nick Mehta）　　（Robin van Lieshout）

唐兴通　译

电子工业出版社
Publishing House of Electronics Industry
北京·BEIJING

Customer Communities: Engage and Retain Customers to Build the Future of Your Business by Nick Mehta and Robin van Lieshout
ISBN: 9781394172115

Copyright © 2024 by Gainsight, Inc. All rights reserved.
All Rights Reserved. This translation published under license with the original publisher John Wiley & Sons, Inc. Copies of this book sold without a Wiley sticker on the cover are unauthorized and illegal.
Simplified Chinese translation edition copyrights © 2024 by Publishing House of Electronics Industry Co., Ltd.

本书中文简体字版经由 John Wiley & Sons, Inc. 授权电子工业出版社独家出版发行。未经书面许可，不得以任何方式抄袭、复制或节录本书中的任何内容。若此书出售时封面没有 Wiley 的标签，则此书是未经授权且非法的。

版权贸易合同登记号　图字：01-2024-3455

图书在版编目（CIP）数据

社群裂变：超越销售的客户成功 ／（美）尼克·梅塔（Nick Mehta），（美）罗宾·范·利斯豪特（Robin van Lieshout）著；唐兴通译. -- 北京：电子工业出版社，2024.11（2025.9重印）. -- ISBN 978-7-121-48761-3

Ⅰ. F713.365.2

中国国家版本馆 CIP 数据核字第 2024N120U6 号

责任编辑：刘琳琳
印　　刷：河北虎彩印刷有限公司
装　　订：河北虎彩印刷有限公司
出版发行：电子工业出版社
　　　　　北京市海淀区万寿路173信箱　邮编：100036
开　　本：720×1000　1/16　印张：15.25　字数：220千字
版　　次：2024年11月第1版
印　　次：2025年9月第4次印刷
定　　价：79.00元

凡所购买电子工业出版社图书有缺损问题，请向购买书店调换。若书店售缺，请与本社发行部联系，联系及邮购电话：(010) 88254888，88258888。
质量投诉请发邮件至 zlts@phei.com.cn，盗版侵权举报请发邮件至 dbqq@phei.com.cn。
本书咨询联系方式：(010) 88254199，sjb@phei.com.cn。

赞誉

（按姓氏笔画排序）

很开心作为这本书的推荐人。社群运营是客户成功最重要的载体，本书创造性地把网络社群理念用到 ToB 企业客户身上，其总结出来的创建网络社群的十大法则和具体方法，会极大加速客户成功在中国企业的落地推广。

马成功　第一合乐 CEO，原京东大学执行校长

在如今公域流量获客越来越难的时代、一切都在无常变化的时代，商业中不变的本质究竟是什么呢？答案是客户信任。社群裂变正是基于客户信任的商业武器，无论公域平台如何变化，私域的经营依然更接近商业的本质。

大果　花大果山 MCN 创始人，当猩学堂创始人

唐兴通先生的新译作为我们揭示了与销售导向的"私域"概念不同的"客户社群"概念。这本书深入探讨了如何通过与现有客户的社群互动，来塑造产品使用、推动业务增长、提升品牌声誉，甚至影响产品研发策略。在 ToB 软件行业，"社群"以客户成功、种子客户、客户顾问委员会等形态存在已久，又在互联网和社交时代被云计算巨头运用得炉火纯青，但很少有人能够系统化地阐述这一概念。这本书深入浅出，兼

具理论与实操。强烈推荐 ToB 领域的销售、营销、客户服务和产品研发团队阅读。同时，ToC 领域的同行也能从中获得提升"私域"运营的新思路。

全戟坚　SAP 全球数字营销转型项目副总裁

在我的实战课上，我能明显感觉到大家即便来付费学习，社交却是被隐藏的第一需求——了解同行的做法和思路、交流对行业温度的感知……而能把高手聚集在一起，用优质案例和问题引导他们深度讨论，才体现了课程的最大价值。很高兴看到以往我印象里能用邮件营销搞定一切的硅谷 SaaS 公司，也开启了社群营销的工作，而且与东方人有颇为不同的视角，值得我们参考。

吴昊　《SaaS 创业路线图》作者

在企业的发展之路上，随着客户的日益增多，服务迈向深水区，产品的优劣势渐渐不再明显。此时，客户社群的经营便成了关键所在。我们需要利用现有客户资源的影响力进行放大，于社群之中放大标杆客户的影响力，在社群里沉淀优秀案例，从社群中获取真实的客户反馈，借社群积累客户资源，进而沉淀新的商机。这便是企业社群的重要作用——既维护了老客户，又能助力企业拓展新客户。

企业社群经营是每个企业在客户成功服务进入深水区后的必争领域，至于如何经营社群，不妨看看这本书。

泡芙（Monica）　飞书企业效能顾问，CSMClub
客户成功成长中心发起人

赞誉

在竞争越来越激烈的今天，客户社群是企业吸引和保留客户的重要方法，也是企业营销战略落地中至关重要的一环。那么，究竟该如何打造成功的客户社群？如果你希望在互联网高度发达的今天学习用网络来引爆社群，那么，由畅销书《引爆社群》作者唐兴通先生翻译的这本新书不可不读！

郑毓煌　清华大学营销学博导，哥伦比亚大学营销学博士，
世界营销名人堂中国区评委

移动网络时代，无论是在国内还是国外，人们都把运营社群当作服务客户的关键手段。国人搞社群总是想变现、发售、转介绍，但梅塔的关键词是"归属感""留存""客户成功"。谁的做法更高明，翻开这本书，你就会找到答案。

秋叶　秋叶品牌、秋叶PPT创始人

云计算产业在过去20年迅猛发展，由此带来了订阅经济时代，如SaaS、订阅服务和云服务。这要求企业在更长的客户生命周期内不仅要获取新客，更要维护好现有客户群，客户成功应运而生。这是尼克·梅塔继《客户成功经济》之后又一本新书。社群是因为志同道合而走到一起的人，这本书以一套切实可行的方式和技巧，向读者展示了怎样构建一个企业客户网络社群，并提到了网络社群的独特价值：联系、信心、协作、内容、职业。作者通过创建网络社群十大法则，为读者提供了深入理解网络社群的重要性和如何建立有效的社群指导。如果您正在寻找一本实用而全面的建立客户网络社群书籍，那么这本书是不容错过的选择。

徐曦　销售易副总裁，企业客户与生态伙伴部总经理

这是一本极具价值的指导企业如何建立和管理客户社群的实用手册。作者梅塔和利斯豪特凭借丰富的实战经验，深入浅出地阐述了客户社群对企业成功的重要性，以及如何打造活跃的客户社群。全书围绕十大法则展开，既有宏观战略指导，也有微观操作建议，内容全面而系统。特别值得一提的是，唐兴通先生强调将企业文化和价值观融入社群建设，以人为本地经营社群，这一洞见弥足珍贵。无论是初创企业还是成熟公司，都能从这本书中获得启发，学会如何通过社群力量推动业务增长。

曹虎　科特勒咨询集团全球合伙人、中国及新加坡 CEO

推荐序

客户成功的科学方法论

当下中国经济面临着全球通胀、地缘政治、消费疲软等多重压力，企业发展面临着前所未有的挑战，已经从过去四十年的狂飙突进向精耕细作的运营方式转变。管理科学化和数智化是企业通过技术创新与组织创新提高经营效率、打造持久竞争力的必修课。

作为研究型企业服务投资基金，我们深信企业经营既是一门艺术，更是一门是科学。只有通过优秀的方法论，企业才能实现可积累、可复制、可优化、可持续的创新和增长。只有不断积累和优化方法论的组织，才能实现持续进化。为此，高成投资启动了"**ToB 方法论丛书**"的长期工程，通过聚焦不同主题、推荐相关书籍并引入专家，为中国创业企业在 ToB 方法论领域的快速学习及突破创新贡献一份力量。

2021 年高成投资翻译并推荐出版了《销售加速公式》。以创业者最关注的"**销售管理**"作为切入点，介绍了市值超过 200 亿美元的 SaaS 企业 HubSpot 的成功经验。软件工程师出身的作者马克·罗贝齐（Mark Roberge）作为 HobSpot 的销售负责人，以工程思维解构了销售的关键要素和核心流程，通过数据驱动重构了销售招聘、培训、管理、薪酬激励四大工作模块，从无到有地搭建了可量化、可预测、可优化的销售体系。销售不再难以预测，而是能被可衡量、可复制的公式计算出来。《销售加速公式》中文版推出后受到 ToB 创业者的广泛好评，我们也聘请了马克作为高成投资的顾问，为高成投资的被投企业与伙伴企业提供经常性的交流和辅导。

2022 年我们聚焦"客户成功"主题。因为企业通过销售管理获得了客户，还远不能高枕无忧。客户要的不仅是产品和服务，还要解决自己的问题，达成自己的业务和管理目标。如何把客户服务好、留住，实现续购、增购，是摆在 ToB 企业特别是 SaaS 企业面前的下一个难题。如果留存、续购出现问题，就像木桶出现漏水口，再高效的销售转化漏斗，都禁不住客户流失的消磨。在逆风时期，客户净收入留存率（Net Dollar Retention，NDR）对企业经营的健康性更是至关重要。**ToB 企业要想成功，必须首先确保客户成功。**

为此我们向大家推荐 Gainsight 出品的《客户成功：减少流失、增加复购的秘密》《客户成功经济：为什么商业模式需要全方位转换》《社群裂变：超越销售的客户成功》三本书。Gainsight 是一家创立于 2009 年的专门做客户成功管理软件的 SaaS 企业，诸如 Workday、Box、VMWware 等全球知名的企业服务领域翘楚都是其客户。在其看来，客户成功不仅是 ToB 企业应有的基本理念与指导原则，还应成为业务经营、组织建设及企业文化价值观的核心，每个部门、每个人都要对客户成功负责。

《客户成功：减少流失、增加复购的秘密》（Customer Success: How Innovative Companies Are Reducing Churn and Growing Recurring Revenue）写于 2016 年，是最早系统性阐述和传播"客户成功"管理理念的书籍之一。这本书全面回溯了客户成功的缘起与演化，着重厘清了对客户成功的各种误解，还提出了极具指导意义的"客户成功十大法则"，不仅在业界广受关注，而且推动了 ToB 企业注重客户成功管理的浪潮。

《客户成功经济：为什么商业模式需要全方位转换》（The Customer Success Economy: Why Every Aspect of Your Business Model Needs A

Paradigm Shift）写于 2020 年。这本书的最大亮点是极为难得地提供了一整套实操性极强的落地方法，从明确责任，即"践行客户成功是一把手工程"，到前、中、后台各条线如何落地，再到具体的启动决策、实施步骤及行动计划，让客户成功不再是停留在理念层面的启发，而成为在实操层面可落地、可复制、可优化的方法论。

《**社群裂变：超越销售的客户成功**》（*Customer Communities: Engage and Retain Customers to Build the Future of Your Business*）写于 2023 年。客户成功在中国全面地由理论进入实践，作为净收入留存率先行指标的客户互动自然成为关注点。当客户具象成为个体，就必然要运营相应的客户社群。作者提出的十大法则，将客户关注的内容、客户代言人、线下社群、推动商业结果等热门话题都做了实践层面的展开和深入讨论，并提供了优质的案例分析。这正是高成投资一直以来推崇的以实践为基础的科学方法论。

当然，没有哪一套方法论适合所有企业，而且方法论本身也需要不断迭代、升级。打造方法论的前提是要对基本原则有深刻洞悉，要能够看透事物的第一性原理是什么，底层逻辑和要素有哪些。ToB 创业道阻且长，需要创业者充满坚定、热情的探索真理的渴望。

中国经济的崛起很大程度上受益于改革开放的红利、全球化的分工，以及世界技术进步的领航。放眼未来，从拿来主义到自主创新的范式跃迁，是我辈义不容辞的历史责任。我们希望在帮助中国创业者打造世界级企业服务公司的过程中，不仅提供长期的资本和深刻的行业洞察，也为大家提供切实可行的方法论作为参考。

日拱一卒，功不唐捐。高成投资以此为训，与大家共勉。

洪婧

高成投资创始合伙人

译者序

新增长战略：社群商业革命

在当今数字化的商业世界中，企业与客户之间的关系正在经历一场深刻的变革。客户不再仅仅满足于产品的功能，他们渴望更多的参与感、归属感和个性化体验。正是在这样的背景下，客户社群应运而生，成为企业与客户建立紧密联系、提升客户满意度和忠诚度的重要手段。

这本书聚焦且实用，致力于解决数字商业中的核心难题：获客、留客与增长。它深入剖析了客户社群的本质、价值和实践方法，为企业领导者提供了可行的指导和前瞻性启示。

作者尼克·梅塔和罗宾·范·利斯豪特以他们丰富的经验和深刻的洞察，揭示了客户社群的秘密。他们从自己的亲身经历出发，讲述了在成长过程中感受到的孤独和孤立，以及如何通过网络社群找到了自我和归属感。这种情感的共鸣让我们深刻地认识到，**每个人都渴望被理解、被接纳，而客户成功社群正是满足这种渴望的重要平台。**

本书的核心观点之一是，网络社群是企业的未来。随着基于订阅的营收模式的兴起，关注现有客户变得更加重要。客户社群不仅可以帮助企业提升客户留存率，还可以推动业务增长，成为企业唯一可持续的竞争优势。作者通过大量的案例和数据论证了这一观点的正确性。例如，Salesforce 软件公司成功地从销售自动化扩张到客户关系管理，通过创建网络社群，将公司的故事与各个群体主题结合起来，创造了一种感觉，即"大家都在顺风而行"，因此吸引了众多客户的加入。

另一个重要观点是，创建网络社群需要遵循一定的法则。 作者在书中提出了十大法则，包括你必须拥有自己的平台，网络社群应当成为客户旅程的核心，创作具有教育意义的、鼓舞人心的内容，培育代言人，人人对客户负责，在一个客户中枢中将所有东西联系起来，将企业文化和价值观带入网络社群等。作者总结的十个大法不只适用于 B2B 行业，其实对 B2C 行业也是适用的。这些法则为企业创建成功的网络社群提供了全面的指导，帮助企业避免常见的陷阱，实现可持续发展。

此外，这本书还强调了网络社群的独特价值。网络社群不仅可以提供联系、信心、协作和内容等方面的支持，还可以促进职业发展，为个人和企业创造成功的机会。例如，通过网络社群，客户可以与其他客户和企业员工互动，分享经验和知识，获得支持和建议，从而更好地使用产品和服务，实现自己的目标。同时，企业也可以通过网络社群了解客户的需求和反馈，改进产品和服务，提升客户满意度和忠诚度。

在翻译的过程中，我深刻地感受到作者对客户社群的热情。他们的语言犀利而又充满洞见，能够直击问题的本质，让读者深刻地认识到客户社群的重要性和必要性。同时，他们的叙述又娓娓道来，通过生动的案例和故事，让读者轻松地理解和接受书中的观点及方法。

在阅读这本书的过程中，我特别被以下几个方面所触动。

- **社群的力量**：社群能够让个体在追求个人和职业发展的过程中感受到支持和鼓励，从而实现更快的成长。
- **文化的融合**：将文化与网络社群的价值观相结合，可以创造出一种独特的社群氛围，这种氛围能够吸引并留住用户。
- **内容的创造**：高质量的内容是网络社群成功的关键。它不仅能够吸引成员参与讨论，还能够促进知识的传播和经验的分享。

- **技术的运用**：合理运用现代技术，如算法推荐、生成式 AI 等，可以有效地扩大社群的影响力，增加成员之间的互动。
- **反馈的重视**：积极倾听并回应社群成员的反馈，是提升社群活跃度和忠诚度的重要手段。
- **反对意见的处理**：在建立网络社群的过程中，难免会遇到各种反对意见。你需要学会应对策略，对于化解疑虑、增强信心具有重要作用。
- **持续的投入**：网络社群的建设和维护是一个持续的过程，需要企业不断地投入资源和精力，以确保社群的健康发展。

总的来说，这本书非常值得一读。它不仅为企业领导者提供了实用的指导和建议，还为我们展示了一个充满机遇和挑战的未来。**在这个数字化的时代，客户社群将成为企业发展的重要驱动力，帮助企业实现可持续增长，创造更大的价值。**

希望这本书能触发你的一些思考，让我们一起探索基于社群的新商业时代增长。如果想交流或者合作，可以检索视频号：唐兴通（主要探讨数字化营销、数字化销售等话题），你可以发送邮件至 along5418@gmail.com。

唐兴通

于北京一然斋

序

我在 20 岁刚出头移民美国时，母亲给我买了第一台计算机。她为此花光了全部积蓄，而且这些钱都是她从生活费中一分一厘省出来的。因为她知道，对我和我的职业来说，计算机十分重要。可怜天下父母心！我母亲和天下其他所有母亲一样，做得很对。有了这台计算机，我学会了如何编程，更重要的是学会了怎样和他人联系。那时，我可以接触到海量的互联网信息，它们由美联网（CompuServe）[①]、美国在线（American Online）[②]等互联网公司提供。在网上，我结交了许多和我兴趣相投的朋友，哪怕我们之间共同的兴趣非常小众。喜欢宝莱坞？可以的。爱玩拼图？没问题。魔方爱好者？你猜得没错。

关键在于，一旦我找到了网络社群，就再也不走回头路了。那是唯一一个我觉得自己能够真正融入其中的地方。

网络社群太重要了。

网络社群除了在个人生活层面有益于网友，也会对人们的职业生涯产生巨大的影响。如果你正在寻求如何在自己的领域成长的建议，还有哪种比从那些已经大获成功的人们身上获得信息更好的方法呢？如今，除了人们的职业发展，各公司也开始将网络社群与其对更广泛业务的影

[①] 美联网是美国最大的在线信息服务机构之一，成立于1969年。——译者注

[②] 美国在线是一家在线信息服务公司，可提供电子邮件、新闻组、教育和娱乐服务，并支持对因特网的访问。它是美国最大的因特网服务提供商之一。——译者注

响联系了起来。

我是在 HubSpot 公司 2022 年度 INBOUND 营销大会上发表以上这些观点的。这家公司的主要任务是帮助其他企业实现高效的增长。和世间万事万物一样，如今，该公司完成这个主要任务的方式已经改变，从以销售为导向的增长转变为以营销和产品为导向的增长。现在，我们正在利用所有这些方式，并且增加了以网络社群为导向的业务增长和发展。

网络社群的价值在于联系——能够让人们交换意见和交流经验，其价值不可估量。因此，依我之浅见，本书对企业及企业中的各部门来说是一本必不可少的书籍。这一点毋庸置疑。

本书由 Gainsight 公司 CEO 尼克·梅塔与他人合著。我第一次遇见尼克时，他正在创办 Gainsight 公司，并致力于利用"脉冲客户成功"网络社群来创建自己的网络社群。多年来，尼克和我持续在各类大会上保持交流，并且常常在另一个大型网络社群推特（Twitter，现已正式更名为 X）上对话。

在本书的前言中，尼克和罗宾·范·利斯豪特描绘了一幅每个人都十分熟悉的画面，即在成长过程中感受到的孤独和孤立，但最终每个人都通过网络社群找到了自我。

随着人们与高科技的联系日益紧密，网络社群变得越来越重要。它可以帮助人们应对与外界社会脱节的危机。

每位具有前瞻性思维的软件即服务公司的领导者，都应当在书架上放一本《社群裂变：超越销售的客户成功》，并且认真阅读。本书不仅解释了网络社群不断增长的价值，而且为那些着眼于创造可持续的、繁荣的网络社群的人提供了一份行动计划。

特别是，我鼓励你吸取教训，将你公司的企业文化融入网络社群之中。在 HubSpot 公司，我们一直致力于围绕公司的价值观和方法来提高透明度，这有助于建立我们在外部网络社群中观察到的那种联系。

网络社群向我表明"我很重要"。现在，该你了。作为企业领导者，向你的客户展示"他们重要"吧！

达米胥·夏（Dharmesh Shah）
HubSpot 公司联合创始人和技术总监

前言
从小在孤独中长大的两位 CEO

尼克·梅塔

"中学",直到如今,一看到这个词,我就焦虑不已。有没有人喜欢中学?它最初是作为某种酷刑机制而设计的吗?(事实上,我妻子说她喜欢中学,并且在整个中学时期有很多的友谊和快乐。多烦人!)对很多人来讲,中学带给他们的都是青少年时代的尴尬记忆。我们的身体在以令人尴尬的方式成长,总是让我们难以适应。或者说,这至少是我面临过的情况。

出于某种原因,从幼儿园开始,我就无法在我就读的郊区学校交到朋友。学校位于宾夕法尼亚州匹兹堡市的郊外。在那里我感觉怪怪的,感到很陌生。我很不适应。我每天都这样提醒自己。

中学时最让我感到压力巨大的事情发生在午餐时间。每个孩子都端着装有油腻的比萨和油炸薯条的盘子,然后找张桌子坐下来吃。酷一些的孩子坐在一个区域,喜欢运动的孩子坐在一个区域,"书呆子"们坐在另一个区域。但我发现,哪个区域都容不下我。我不知道该和谁坐在一起,并且没有足够的勇气向其他孩子介绍自己。

为了避免在公共场合独自一人吃饭带来的尴尬,我养成了一种习惯。每到这个时候,我通常会端起我的午餐盘,假装还有大事要做,急匆匆冲出食堂，然后找一间最近的开放教室或高中的计算机实验室，在那里独自吃饭。我吃的是饭，品尝的是孤独。我每天就这样孤独地吃饭，从 6 岁直到 18 岁。

每个人都有过童年的欢乐，也有过童年留下的伤疤。尽管我在工作中遇到过成千上万人，尽管我如今习惯了在许多观众面前演讲，但那种孤独的感觉一直伴随着我。我不知道自己能否适应。我不知道人们是否喜欢我。我觉得他们不想和我坐在一起。

当我思考如何创办 Gainsight 公司时，学生时代的记忆又涌入我的脑海。我们发现了一个巨大的机会——将我们的客户拉进一个网络社群。要知道，客户在公司常常感到孤独。而当我想起 Gainsight 公司的员工——我们亲切地称他们为"甘斯特"（Gainsters）的那些员工，我希望我们能邀请彼此共进午餐。

最近几年，我看到我的孩子也在经历他们自己的痛苦——难以交到朋友，难以找到他们自己的"部落"。这种孤独的感觉在我心中日渐放大。幸运的是，他们只是在某种程度上感到孤独。但我见证了他们经历的、认为自己无法融入伙伴中的各个阶段。每次见证，我都感同身受，并再一次想起自己的童年。

我最喜欢的音乐剧之一是《致埃文·汉森》（*Dear Evan Hansen*）[①]。我妻子、我及我们最大的孩子一同去看这部剧时，我的孩子正在与自己的孤独感做斗争。这部剧讨论了联系和孤立的问题。剧中的主人公哀叹道："你是否曾经觉得自己无处可去？你是否曾经觉得自己被遗忘了？你是否曾经觉得自己可以从这个世界消失？就好比你摔了一跤，却无人问津？"

[①] 《致埃文·汉森》讲述了一个自卑的高中生的故事。高中生埃文觉得自己的一生都不受重视、没有意义。但是当一个震惊社会的悲剧事件发生后，他被推到了舆论的中心。埃文得到了一个机会——一个开始全新人生的机会。——译者注

| CUSTOMER COMMUNITIES

好在这部剧最终以令人开心的结局收尾。我们都能感受这种孤独。我们都渴望与人联系。我们都想拥有归属感。而如果我们找到了让自己感到受人关注的社群，那么：

即使黑暗降临，

当你需要别人拉一把的时候，

当你摔倒在地时，

总会有人发现你！

罗宾·范·利斯豪特

我的人生一开始十分混乱：父亲在我只有两岁时就离开了。我一路长大，没有父爱。我对父亲没有任何记忆。等我到了 30 多岁，终于在精神上做好了寻找父亲的准备，却得知他刚刚去世。

我的青年时代并不容易，早早担负了许多责任。但我对外隐藏了许多——我并没有告诉大家，我是一个害羞的男孩。我试着和朋友们一起走，但这对我来说很难。和尼克一样，在学校，每到下课时分，我都没有地方可去。大多数时间我都在漫无目的地游荡，等着放学。

我没有加入任何团体，也没有多少朋友。我常常感到十分孤独，但和所有孩子一样，我渴望自己合群。我想成为团体的一分子，渴望带着人的尊严被团体接受。我想找到归属感，并为之奋斗。我想象得到，每个人都会偶尔感到孤独——要知道，尼克和我就是这样的人。

前段时间，我带着孩子们去摩洛哥度假，在海滩上玩。我凝神思考着自己的处境和我的过去。我突然意识到，这种对归属感的渴望源于我的年轻时代，并且实际上给我的人生带来了一些重要的里程碑。

其中一个最重要的里程碑是，1996 年，我迈出了自己涉足互联网的第一步。我从小到大都没有亲密的朋友,因此我加入了一些在线群体,开始和别人聊天。这些聊天使我每天都充满活力,我开始认识到网络社群的强大力量。这是我有生以来第一次加入某个团体。它赋予了我一种归属感,一种每个人都想奋力赢得的感觉。这让我感觉好多了。

接下来,我学会了一些基本的编程技能,之后开始创办自己的在线论坛,并在论坛上讨论我在那些日子里所热衷的事情:消费电子产品。做了几年后,我意识到,要想将品牌做大,需要寻找新的技术,并且寻求如何创建网络社群的好建议。在早期阶段,各公司开始通过社交渠道和开放平台提供更好、更快捷的医疗服务。2010 年年底,我和联合创始人沃特·尼恩多夫创办了一家名为 inSided 的公司。我们的目标是为最大的品牌创建强大的网络社群,并且打造出我当年渴望获得的那种归属感——但这一次是为那些大品牌的客户打造。

多年来,我已经创建了许多线上和线下社群。我意识到,每个人都渴望拥有归属感。这些社群对人们的日常生活十分重要。

与此同时,我也变得不那么害羞了。由于我在多个场合演讲,环游世界,拜访客户、员工和投资者,这些经历对我性格的转变十分有益。最显著的变化是,大多数时候,我觉得自己有归属感。

目 录

第 1 部分
网络社群是企业的未来

第 1 章　欢迎来到网络社群的世界　/　003

第 2 章　网络社群是企业的增长战略　/　010

第 3 章　下一代网络社群如何助推企业成功　/ 031

第 4 章　网络社群对企业的强大助力　/ 043

第 2 部分
创建网络社群十大法则

第 5 章　法则 1：你可以随时开始　/　059

第 6 章　法则 2：你必须拥有自己的平台　/　068

第 7 章　法则 3：网络社群应当成为客户旅程的核心　/　079

第 8 章　法则 4：创作具有教育意义的、鼓舞人心的内容　/　098

第 9 章　法则 5：培育代言人　/　111

第 10 章　法则 6：人人对客户负责　/　122

第 11 章　法则 7：线下社群的重要性超出你的想象　/　140

第 12 章　法则 8：在一个客户中枢中将所有的东西联系起来　/　155

第 13 章　法则 9：网络社群应当推动真实的商业结果　/　172

第 14 章　法则 10：将企业文化和价值观带入网络社群　/　184

第 3 部分
如何开始

第 15 章　成功创建网络社群的基石　/　201

第 16 章　常见的反对意见及应对方法　/　212

后记　/　220

第 1 部分

网络社群是企业的未来

第1章
欢迎来到网络社群的世界

营造归属感

| CUSTOMER COMMUNITIES

作家、演说家丹·比特纳在他受欢迎的 TED 演讲①《如何活过 100 岁》中提到了一个大多数人都在思考的问题：怎样才能健康且长寿？

比特纳的"蓝色地带"项目旨在了解世界上那些最长寿的地区，以及我们可以向那里的居民学些什么，并将其运用到自己的生活中。他得出的关于饮食和锻炼的结论大多数既令人感到放心，又不会令人吃惊。

但是，他在演讲中关于日本冲绳群岛的说法确实引发了我们的思考。根据比特纳的说法，冲绳群岛拥有世界上最长寿的女性群体，那里的女性拥有世界上最长的无残疾预期寿命，并且在许多指标上都优于其他地区，包括结肠癌、乳腺癌和心血管疾病的发病率。

那么，是因为冲绳群岛的水里有什么东西吗？研究结果表明，当地人长寿的原因与他们自身有关。比特纳分享了日语中"ikigai"一词的概念，意思是"生命的价值"。或者，正如比特纳指出的那样，这个词"是你每天早晨从床上起来的原因"。许多冲绳群岛居民把他们生命的意义与价值和一群被称为"摩艾"的人联系在一起。这群人通常是从童年到工作、创业再到退休都一起生活、一同欢笑的人。

简单地讲，似乎是冲绳人结成的社群延长了他们的生命。

比特纳并不是唯一一个这样认为的人。在《合力：有时孤独世界中人际关系的治愈力量》（*Together: The Healing Power of Human Connection in a Sometimes Lonely World*）一书中，美国外科医生维韦克·莫西博士坚称，危害人们健康、寿命和人际关系的最大流行病并不是某种传统意义上的疾病。相反，莫西博士分享了大量的研究成果，揭示了困扰人们的

---

① TED（Technology, Entertainment, Design，即技术、娱乐、设计）是美国的一家私有非营利机构，该机构以其组织的 TED 会议著称。TED 会议的宗旨是"传播一切值得传播的创意"。2001 年，安德森买下了 TED 会议，把其变成非营利机构。TED 会议每年举办一次，会议上的演讲被做成视频放在互联网上，供全球观众免费观看。——译者注

第1章 欢迎来到网络社群的世界

这个"社会性"疾病：集体的孤独感和社群的缺乏。

这个结果并不令人感到震惊，因为人类社会和文明的基础就是社群。人类离开洞穴和大草原以后，就开始建造村镇和城市以聚集在一起。人类还建立了各种机构，包括宗教机构、民间机构、教育机构、体育机构等，这些机构建立在联系和共同的归属感基础之上。正如哲学家亚里士多德曾经说过的那样：

> 人本质上是一种社会性动物。如果一个个体天生就不具备社会性，要么他在我们的注意之外，要么它已经超越人类。社会的优先级往往高于个体。

实际上，随着社群的消失，人类对社群的需要变得日益明显。莫西博士的书及许多其他同类书都指出，在一个日益缺乏联系和不断分化的世界，人们越来越觉得孤独。直到真正失去，人们才知道自己曾经拥有过什么。

只要在网上搜索一番，你就会发现有无数事例支持这一观点。

- 近一半的美国人承认，他们有时候（甚至总是）感觉孤独或"被遗忘"。
- 孤独对人类预期寿命的影响与每天抽 15 支香烟的影响相同。
- 在社会上被孤立的个人对同伴的渴望，就像饥饿的人对食物的渴望一样迫切。

虽然本书并不讨论政府的未来和人类的寿命，但我们之所以撰写本书，正是因为我们相信，社群对企业的未来也至关重要。

到底什么是社群？《牛津英语词典》对这个词有两种定义。

（1）群体：一群生活在同一个地方或具有共同特点的人。

（2）团体：一群由于秉持共同的态度、拥有共同的兴趣、心怀共同的目标而建立友谊的人。

在本书中，我们将使用第二种定义。我们认为，社群的全部意义是基于"共同的态度、兴趣和目标"形成的"团体"。想一想你真正融入其中的社群。你和他人在一起时产生的感觉正是"团体"。

团体存在于你的企业之中，无论它是有意建立的，还是意料之外发展出来的。你当地的咖啡馆就是一个鲜活的社群。你看到的每场表演、你喜欢的每个乐队都有一种商业模式，这种商业模式建立在粉丝社群的基础之上。当参观迪士尼主题公园，看到父母和孩子们从头到脚都穿着米老鼠的衣服时，你就会发现，迪士尼的粉丝社群太明显了。现代社会大多数的"零工经济"企业，如拼车公司、送货公司、民宿网站等，都是建立在供应商社群（分别是司机、送货员和房东）之上的。这就是社群。

每种社群都有一系列的情感层次。

- 有一种归属感："我注定要在这里。"
- 感觉被人理解："这里的人懂我。"
- 感觉被人支持："有许多人和我一样。"
- 感觉有目标："我们心怀共同的目标。"

对一本商业书籍来讲，这些目标可能有点崇高，但请继续读下去，我们将分享当今企业中正在发生的大量事例。

让我们研究一下星巴克。社会学家雷·奥尔登堡在他的著作《绝妙好去处》（*The Good Place*）中创造了"第三空间"这个词，意思是，人们除了工作场所和家庭，还有第三个地方可去。这个词解释了为什么像咖啡馆这样的社群能为人们提供联系和归属感。在 20 世纪 90 年代中期，星巴克便将这种理念融入自身的使命之中:"我们想让星巴克成为人们的第三空间。"从根本上讲，星巴克是一家将社群摆在首位的企业。

对于 B2C[①]企业，如星巴克，它们直接向客户销售产品和服务，其社群显而易见，而且充满生机。你可以把社群中的成员看成你在本地商店里遇到的购物伙伴，或者看成你在某场音乐会上那些站在你身旁的粉丝。

在本书中，我们将论证社群的概念是 B2B[②]世界的基础，即使这些社群有时候不太明显。

企业，哪怕是 B2B 企业，从根本上讲都是 B2H[③]企业。在 B2B 世界，无论销售的是软件、服务还是工厂车间的机械，你通常会把大部分时间花在企业上，没有将足够的时间花在人上。你公司的员工与你客户公司的员工一同合作，向后者销售产品，提供服务。当然，这两群人都有各自的公司目标、关键绩效指标，以及其他重要目标。他们既聪明睿智，又有各自的缺点，他们都在努力度过各自必须过完的一生。

艾丽卡·库尔是 B2B 网络社群的一位真正的先驱者。2006 年，艾丽卡在软件先驱 Salesforce 的网站上推出了一个网络社群（如今称为 Trailblazers 社群）。今天，这个网络社群已发展成为企业技术界最大、最繁荣和战略上最重要的网络社群之一。艾丽卡这样定义网络社群:

> 因为志同道合（无论是产品、服务还是运动）而走到一起的人。当我和任何人一起组建一个社群时，我都会探寻:你有什么特别的东西可以将人们聚集在一起，团结到一块?

[①] B2C，即 Business to Consumer，企业对客户。
[②] B2B，即 Business to Business，企业对企业。
[③] B2H，即 Business to Human，企业对人。

CUSTOMER COMMUNITIES

如果你是一位 B2B 企业的领导者，那么，网络社群是隐藏在平凡背后的超能力。

- 你的队友渴望加入某个网络社群。
- 你的客户也渴望。
- 你的合作伙伴同样渴望。

回顾一下社群的起源。当观看一部引人入胜的戏剧时，你会感受到身边观众的能量。当你在体育馆支持你最喜爱的球队时，身边球迷爆发出的欢呼声会让你觉得你也是他们中的一分子。你当地的某个宗教团体可能体现了一种传统，它给你的人生带来了丰富的体验和满足感。所有这些社群都会让你在这个巨大而匿名的世界中感到不那么孤单。

但是，这些感觉不会在你离开家或参加虚拟会议的时候停止。在公司从事新职业或小众职业的人常常感到孤独，因为他们的同事可能并不真正"懂"他们所做的事情。独自创业者或小企业主勤奋地工作，不得不独立地思考几乎所有的大事小情。新技术领域的创新者觉得同事一定认为他们疯了。即使像我们这样的 CEO，有时候也找不到可以谈心的人。

简单地讲，工作和个人生活一样，也可能是孤独的。

数据分析软件公司 Tableau 前首席营销官艾丽莎·芬克呼应了这种受情绪驱动的网络社群的定义：

> 将成功网络社群中的人们聚集起来的一个原因是共同的目标。但我觉得，当你找对了人的时候，也会有这种感觉。我认为另一个原因是热情："这就是我！这就是我喜欢做的事情！"此外，我认为还有一个原因——成就感。人们会有一种感觉："我

第1章 欢迎来到网络社群的世界

很自豪能够参加这个网络社群，我会变得更优秀。"

作为企业家，我们以网络社群为核心建立并发展业务。这表现在以下几个方面。

- 围绕世界上增长最快的专业之一（客户成功管理），创建最大的网络社群。
- 举办充满活力的活动，将专业人士聚在一起——与会者从300人增加到2万人。
- 开发软件，使商界人士能够借助计算机的便利在网络上相互联系和学习。

我们在这个领域工作了10年，发现团队、客户和网络社群之间的樊篱完全是人为树立的。最好的企业网络社群允许成员做真实的自我，并且将员工与外部的利益相关方无缝融合在一起。

我们认为，企业及企业网络社群是非常私人的。并不是只有我们才这样说，史上最伟大的企业领袖之一的迈克尔·斯科特也曾说过："企业是世界上最私人的事情。"

我们希望你读完本书之后和我们一样，相信网络社群不仅是增长业务的好方法，事实上还是企业未来的发展方向，应当与企业的使命密切相关。下面就开始阅读吧。

第2章

网络社群是企业的增长战略

企业拥有的唯一可持续的、长期的竞争优势

第 2 章 网络社群是企业的增长战略

在第 1 章，我们一方面阐明网络社群的概念可以真正地拓展人们的生活，另一方面强调网络社群对企业的未来至关重要。现在，请和我们一起来探究原因。

如果网络社群由有着"共同的态度、兴趣和目标"的人组成，那么，你将怎样向你的组织解释引号中的这几个词？企业的核心是客户。因此，围绕你的企业建立的网络社群，首先要从客户开始。你所有的客户，尽管他们来自五湖四海，但总有些共同点：他们都购买你的产品或服务。这意味着他们对你提供的东西有着潜在的兴趣，并且可能抱着一个特定的目的来充分利用它。

除了客户，企业的网络社群还可以进一步扩展——投资者、员工、合作伙伴及潜在客户。事实上，它包括更广泛的利益相关方，甚至非客户群体（我们有一个很难推翻的商业理由让这些非客户群体加入网络社群，稍后介绍）。在本书中，当我们提到"客户网络社群"时，是指以客户为基础的网络社群，但也包含更大的利益相关方群体。

网络社群是大势所趋

自 2009 年开始，网络社群圆桌会议组织追踪观察了企业创建网络社群的情况。虽然企业网络社群已经存在了 20 多年，但该组织披露，35%的企业创建网络社群的举措仅出台 2 年左右，而且大部分计划的推出未超过 4 年。这意味着在最近几年创建网络社群的企业数量大幅增加。

美国柏尚风险投资公司是一家支持全球标志性品牌的顶级风险投资公司。该公司预测，在未来 5 年内，过半数的初创公司和科技公司在其营业收入超过 500 万美元时，将出现致力于创建和发展企业网络社群的职能部门、团队和高管。事实上，在柏尚风险投资公司的一项调研中，有 3/4 的企业分配了资源来加强网络社群工作，超过 10%的企业目前正在招聘人手，以创建和发展网络社群。在排名前 50 的企业中，这个百分比跃升至 20%以上。柏尚风险投资公司的合伙人塔里亚·戈德伯格预测，网络社群在企业的发展战略中日益流行，且该趋势将来会继续增强。他说："显然，成功的企业将网络社群作为其长期战略的一部分，并且正在加大对网络社群的投资力度。"

但企业这么做的原因是什么？为什么各企业对网络社群的投入日益增加？下面我们将带领你一起探索其中的某些原因。

客户互动是净收入留存率的领先指标

随着基于订阅的营收模式的兴起，关注现有客户变得更加重要。这样一来，企业的一个重要指标就是净收入留存率，它如今已经成为董事会谈论的常规话题之一。该指标测量企业现有的客户群体规模比上年度增长了多少。

Gainsight 公司计算净收入留存率的标准公式：

> 年终经常性收入、续约、交叉销售[①]、价格上涨

-

> 降价、客户流失、其他收入减少

+

> 在一致的测量期间开始的、仅来自现有客户的年度经常性收入

---

① 交叉销售是指在销售某种产品或服务时，向客户推荐与该产品或服务相关或互补的其他产品或服务，以提高销售额的做法。——译者注

研究表明，除了有效收入增长，决定企业价值的另一个重要因素就是净收入留存率。那些将注意力放在现有客户身上的企业价值更高。因此，各企业的董事会开始密切关注这一指标，并采取相应的行动。

那么，这与网络社群有什么关系呢？阿什温·温德雅南桑和鲁本·拉巴戈在他们 2020 年出版的《客户成功经理职业发展指南》(*The Customer Success Professional's Handbook*) 一书中指出，"客户留存和拓展的领先指标往往与客户和供应商之间的互动程度相关"。客户与你的企业互动得越多，就越有可能继续做你的客户，并从你这里购买更多的产品或服务。因此，在为企业提供价值方面，发展客户网络社群，即创建一个积极参与互动的客户群体，并优先考虑与客户的关系，从来都没有像今天这么重要。

不断增加的成本要求企业在获取客户方面更加精明

客户获取成本衡量企业在获取新客户方面花费了多少成本。它是企业说服客户购买某件产品或某项服务时总的销售成本和营销成本。客户获取成本可以帮助你辨别自己是不是在经营着一个高效进入市场的企业。这是你的高管团队和财务团队关心的指标。当企业的财务总监和 CEO 知道你考虑客户获取成本时，他们就会更加信任你，客户获取成本帮助你证明预算请求的合理性。

过去几年，客户获取成本大幅上升。由于隐私规则和法律管制，一切事物的获取成本都变得更加昂贵。此外，广告商也比以前更多了，导致搜索付费和广告定价日益增高。由于竞争加剧，广告对消费者的吸引力降低，加上购买行为的重大变化，企业在市场营销渠道和创作内容方面不得不投入更多。客户会因为企业制造或推出了他们喜爱的产品或服务而购买，也会因为他们觉得自己是某个网络社群的一分子而购买。无数研究表明，人们对企业的信任不如从前了，而像评论、推荐和同行反馈这样的信息越来越多地被用于制定购买决策。

结果，企业需要寻找更精明和更有效的方法来推动客户的购买行为：让客户进入网络社群。之所以优先考虑网络社群的驱动力，源于企业意识到以下两点。

- 网络社群是一个成本效益高的自有渠道，不必依赖外部（付费的）渠道。
- 客户希望与网络社群建立真正的联系，并且听取网络社群中的建议。

通过提供一个透明的、用户生成的平台，企业在获取客户的过程中放大了客户的声音，取得了令人印象深刻的成果。因此，创建和发展网络社群的项目在过去几年激增。

宏观趋势推动网络社群的兴起

有几个宏观趋势有助于解释网络社群的兴起。疫情开始后，各企业都在想办法增强与网上客户的互动。由于面临出行的严格限制，企业不得不各显神通，变得更有创造性。许多企业意识到，这段时间是它们建立网络社群并积极与之互动的理想时机。

除此之外，互联网的核心基础正在改变。例如，Web 3.0[①]是万维网的一个新迭代的理念，它融合了诸如去中心化、区块链技术和基于代币

---

① Web 3.0 是对 Web 2.0 的改进，在此环境下，用户不必在不同的中心化平台创建多种身份，而是能打造一个去中心化的通用数字身份体系，连通各个平台。Web 3.0 被用来描述互联网潜在的下一阶段，一个运行在区块链技术之上的去中心化的互联网。——译者注

的经济学等概念。Web 3.0 这个术语由以太坊（Ethereum）的共同创始人加文·伍德创造，它推动了一波新的创新浪潮和技术投资。内容和决策权越来越多地分布在网络社群之中，大型科技公司不再集中控制数据和内容。Web 3.0 好比为人们建设了一条数据高速公路，使人们能以自己的方式互相联系，组建符合自己需求与信念的网络社群。新公司得以创建的基石是由网络社群主导的，网络社群将更多的价值分配给用户。对这些新公司而言，网络社群不仅能够为它们带来增值，还是它们存在的理由。

尽管人们对去中心化的网络依然有许多担忧，而且很多人只把它看成一时的风潮，但我们坚定地相信，将权力移交给用户和网络社群是一种根本的转变，而且这种转变将持续下去。即使人们尚未进入一个人人都通过区块链进行交易的世界，但人们已经广泛地采用了开放应用程序编程接口，它为很多人提供了协作的能力。今天，越来越多的利益相关方（如员工、客户及更广泛的网络社群）可以提出有意义的建议和意见，以史无前例的速度和规模来推动网络社群的发展。即使像 Airtable、Notion 和 Miro 等较新的 Web 2.0[①]企业，也从根本上依赖网络社群的贡献来制造产品。事实上，可以说，始于 1998 年的开源运动是最初的企业网络社群的一种。Linux、Red Hat 和 mySQL 等企业可能被业界认为是 Web 3.0 运动的最初创新者，因为去中心化的理念早已深深地嵌入它们的核心产品之中。

网络社群在企业增长战略中的流行未来几年只会日益普遍。由于一些市场因素的作用，如企业对净收入留存率的不断关注、客户获取成本的上升，以及网络社群对产品的影响日益提高等，承担起这个自有增长

[①] Web 2.0 是相对于 Web 1.0 的新的时代。它利用 Web 平台，由用户主导生成内容，为了区别于传统的由网站员工主导生成内容而被定义为 Web 2.0。——译者注

渠道的责任从未变得如此重要。如今，创建和发展网络社群的项目，无论从定性还是定量的角度看，都已证明其影响力，网络社群开始接收各种资源并收获应得的回报。现在，我们想更进一步论证，从长远来看，网络社群依然是你的企业唯一可持续的竞争优势。

产品不再是企业唯一可持续的竞争优势

毋庸置疑，福特公司生产的福特 T 型汽车在当时产生了巨大的影响。这款汽车后来成为全球第一款经济实惠的汽车。该车型于 1908 年首次推出，价格是 850 美元，是第一款大规模生产的汽车，到了 1925 年，其售价降至 260 美元。当时全球已上牌的汽车中超过一半是福特汽车。福特公司进一步完善了其移动装配线。1914 年，大约只需 93 分钟，福特公司就可以制造出一辆 T 型汽车。市场上对这些汽车的需求量实在太大了，以至于工人们不得不尽快将它们运出工厂。

在一次会议上，福特公司创始人亨利·福特说了一句这样的话："任何一位客户都可以把车漆喷成他想要的颜色，只要它是黑色的。"他之所以说这番话，一种解释是他相信公司的产品符合市场需求，或者说，产品本身已经足够好了。那个时代是产品时代，和今天不同的是，权力并没有掌握在客户的手中。在那个时代，企业有控制权，可以决定它们想用自己的产品做什么。它们并不关心客户到底有什么愿望，而且觉得迎合客户的奇思妙想（如客户对特定颜色的渴望）完全是徒劳的。一切都围绕产品展开，这也是卖方市场的主要优势。而且，黑色油漆干得最快，并没什么不好。

在软件行业发展早期也可以看到同样的现象。自从 20 世纪 70 年代

第 2 章 网络社群是企业的增长战略

中期个人计算机问世以来,一个不断增长与发展的软件市场出现了,微软就是其中一家占主导地位的软件公司。21 世纪初,一种被称为软件即服务(Software as a Service,SaaS)的托管软件横空出世(对大多数读者来说,SaaS 可能已经是默认的运行模式了)。今天,全球可能有数十亿个软件应用程序——包括全球各企业使用的物联网软件和客户定制开发的软件。2011 年,美国网景公司联合创始人、硅谷风险投资公司安德里森·霍罗威茨公司的普通合伙人马克·安德里森写下一句名言:"软件正在吞噬世界。"他预言,软件公司将颠覆一些传统行业。自那时起,我们见证了行业的整体变革。软件公司的数量呈爆炸式增长,如今的客户比从前有了更多的选择。在过去的十多年里,SaaS 的进入门槛变得很低,以至于每个软件类别都有几十家甚至更多的市场参与者。在点对点评论网站 G2 上,任何软件类别(包括我们的)的网格都包含许多具有类似功能的软件供应商。对此,你可能会争辩说:"技术和功能已经被有效地商品化了。"

与此同时,每家企业都试图在软件市场上竞争。更多的软件工程师被聘用,他们的工作日程表也被排满。随着新产品和类似"持续部署"之类的工程流程的出现,新的功能可以每天多次交付。企业将大量资源投入获取竞争情报之中,随着研发工作的顺畅运行,复制竞争对手的产品功能变得简单、快速,而且成本低廉。

总之,我们相信,将产品功能作为可持续的竞争优势是一场逐底竞争[1]。当然,你必须确保产品能解决企业的问题并且交付真正的商业结果。这一点推动着企业从客户那里获取服务和支持,保证客户留存

---

[1] 逐底竞争是博弈论等多学科中的概念,指的是竞相奔向底线而博弈。它也是一个社会经济用语,用于描述政府为吸引或保持其管辖范围内的经济活动而放松对营商环境的监管或降低税率。——译者注

和可扩展性。然而，为了获得长远的成功，企业不能只在功能或产品层面竞争。

客户体验无法成为企业可持续的优势

由于基于订阅的收入模式的兴起，将现有客户进行优先级排序变得越来越重要。到底有多重要？重要到一个全新的职业开始涌现：客户成功。领导者和从业者正逐渐将"客户成功"作为一种覆盖企业上下的理念来灌输和实施。现在的问题是，对企业来说，客户体验是不是一种新的竞争优势？如果竞争不再纯粹地停留在产品层面，那么企业可不可以通过带给客户更加完善的体验而使自己在市场上脱颖而出？

实际上，B2B 的客户关系已经改变了。一直以来，客户关系都是个人化的、个性化的。个人关系是客户购买产品并对企业保持忠诚的主要原因。我们在创办公司的早期就体会到了这一点。当我们的产品尚未达到一流水平时（没错，我们承认这种情况确实有过），当产品某个新功能的部署导致严重的平台故障时，或者当错误的数量超出了客户和团队成员可接受的阈值时，我们往往依靠个人关系来解决各种问题。作为 CEO，我们会介入并向个人客户道歉。我们组织过晚宴，和客户一起喝过酒。我们还和客户一起唱卡拉 OK。

然而，随着时间的推移，我们发现这种做法并没有扩大客户的规模。客户的数量增加了，与每位客户保持联系就会变得很困难。新的以产品为主导的客户获取运动出现了，客户在没与企业中的任何人联系的情况下就购买了产品。随着年度合同价值更低的各种计划的引入，业务量大幅增加，但这也给我们为客户提供服务的方式带来了挑战。财务总监们开始提出一些问题，想增加客户成功部门的人手。然而，客户成功经理的数量不可能随着客户数量的增长而线性增长。根据我们对市场的观察，时至今日，许多科技公司依然在经历这些挑战。

因此，尽管投资于客户关系、客户体验和客户成功对企业来说十分关键，尤其是在驱动净收入留存率方面，但这并不能提供长期的、可扩展的、可持续的优势。

为什么网络社群是企业唯一的长期增长战略

今天，软件公司遍地都是，仅在美国，就有至少 5 万家软件公司，新的初创公司还在加速涌现。由于技术创新层出不穷，创办公司从未像现在这么容易。然而，能够撑过最初几轮融资的公司并没有几家。事实上，超过 90% 的初创公司都失败了，只有少数能够成功地撑到首次公开募股。即使创始人有一个伟大的创意，而且市场也有巨大的潜力，初创公司依然有可能在发展过程中走向失败，因为在今天的市场上，拥有伟大的产品已经不足以取得成功。

要想打造真正的大品牌，你还需要做更多。目前，每年只有几十家公司中才能够诞生一家"十角兽"企业（在融资活动中估值达到或超过 100 亿美元的私人控股公司）。根据 Coupa 软件公司首席营销官昌达尔·帕塔布希拉姆的说法，你需要"品类和网络社群的神奇结合，才能取得成功"。他认为，要实现这一点，必须做好以下 3 步。

第 1 步：从能力领导者到品类领导者

所有软件公司都是先确定需要在市场上提供的某种空白能力，然后才开始起步发展的。但是，到了发展的下一阶段，这些软件公司必须从能力领导者转变成品类领导者。很多软件公司在成为能力领导者这个阶段就倒下了。它们可能没有明确的产品市场契合度，因此无法创建一个能够反复使用的收入引擎。许多创意要么太早，要么太狭隘。

游戏化是一种热门的能力，但它从未成熟到足以进入强制性品类的地步。我在 Badgeville 公司负责营销时亲眼见证了这一点。Badgeville 是一家在热门领域提供最佳产品的公司。尽管该公司拥有该市场领域最好的产品，但事实证明，其产品的功能对客户来说只是锦上添花，而非不可或缺。在这个领域，该公司仅能提供一个"功能"，而不是一个"品类"。

然而，即使成功地确定或创建了强制性品类并跨越了发展的鸿沟，许多软件公司依然没能依靠自己的力量蓬勃发展。一旦确定了品类，快速并精明地扩张到相关的市场就成为一件很重要的事。

第 2 步：从品类领导者到品类扩张者

正如帕塔布希拉姆解释的那样，公司需要侧重于战略品类的扩张，以免在增长旅程中陷入停滞状态。他说，当务之急是聚焦于战略性品类扩张。通过尝试支持从"苹果"到"苹果品类"的扩张（将品类扩张到正交问题领域），可以避免从"苹果"到"土豆"的扩展。也就是说，要深思熟虑地扩张品类，使其在相同的核心功能领域成为更加全面的产品，吸引相同或相似的目标买家。

帕塔布希拉姆认为 Salesforce 软件公司在这方面是一个典型："例如，Salesforce 软件公司成功地从销售自动化扩张到客户关系管理。SuccessFactors 软件公司也出色地将其品类从绩效管理扩张到人力资源管理。类似地，Coupa 软件公司从成为采购品类领导者出发，成功地扩张至相邻和互补的品类，从采购领域扩张到支付领域。今天，这些领域构成了企业支出管理的大品类。"

最后，帕塔布希拉姆还描述了这个过程如何在网络社群中达到顶峰，如第 3 步所述。

第 3 步：从大规模品类到大规模网络社群

杰出的产品功能加上扩张总市场需求，还不足以打造一个成功的、可持续的大品牌。许多公司出色地扩张了他们的品类，但依然陷入困境。公司在品类上占据市场主导地位，要想成功打造一个大品牌，还差一步，那就是创建和发展网络社群。

Splunk 公司和 Tableau 公司是在这方面走对了路的两个绝佳例子。这两家公司专注于创建网络社群（一个由客户、潜在客户、合作伙伴和影响者组成的部落），同时在各自的品类上占据市场主导地位。但你不可能被动地等着创建网络社群和部落。这件事必须与你早期进入市场的努力同步进行。OpenText 等公司主要通过收购成功地扩张了它们的品类，但它们从来没有成为大品牌，原因是它们没能成功地创建部落。

然而，许多公司在创建网络社群这方面做得很好。Salesforce 公司在成为大品牌的早期，就通过"福音营销"①建立了自己的部落。无论是按需服务部落、SaaS 部落、云部落还是社交部落，Salesforce 公司的马克·贝尼奥夫和他的团队都会把公司的故事与各个部落主题结合起来，巧妙地创造了一种感觉，即大家是在顺风而行，如果你不搭上这趟部落列车，就会被其他人抛在身后。

通过创建和发展网络社群，成长为产值数十亿美元的创业公司的例子还有许多，从 MongoDB 这种商业开源公司到 Figma 这种受欢迎的以创作者为中心的公司。

总之，你必须在公司创业的早期就开始创建网络社群，甚至考虑将其

---

① 福音营销是指给用户带来欣喜，为他们提供超值服务，这样他们就会自愿宣传你的产品和服务，代表你的公司宣传其特点。——译者注

融入产品之中。等到你的公司达到一定规模再去创建网络社群就太晚了。

网络社群是科技公司的根本

在编写本书时，我们问自己："科技公司的根本是什么？"默认的答案可能是"产品"，但正如我们亲眼所见的那样，对软件行业来说，进入壁垒很低，以至于产品的功能和特性很大程度上已经被商品化了。我们相信，软件公司最大的优势和价值主张是网络社群，其中包含使用、改进产品并为其代言的人们。这正是为什么由网络社群引领的增长战略是当今科技领域最热门的持续增长战略之一。

当你购买 SaaS 产品时，你实际上就购买了该产品的用户网络社群。可以说，你加入了这个"俱乐部"。Salesforce 公司是这方面的一个典型例子。由于美国科技行业中普遍使用 Salesforce 公司提供的软件，因此，每个人都对它有着自己的见解。不管你是否相信，不可否认的是，该公司的网络社群规模很大。当你招聘了新的销售领导时，他们都知道怎样使用 Salesforce 软件。销售代表熟悉它，无论他们是否喜欢。Salesforce 公司有一个网络社群，其中包含数十万名经过认证的 Salesforce 软件管理员，你可以随时和他们签约或聘用他们。该网络社群持续不断地向 Salesforce 公司提供反馈，使其产品变得更好。此外，该网络社群的成员围绕购买和使用 Salesforce 软件相互讨论。Salesforce 公司的价值主张[1]很大程度上就是网络社群。

2022 年年底，在 HubSpot 公司 INBOUND 营销大会上，该公司联合创始人达米胥·夏围绕为什么今天的网络社群比过去更重要而发表了演

---

[1] 价值主张这个概念来自企业咨询中的管理咨询，描述了企业决定想为什么样客户提供什么样的服务，帮助客户成功，同时使企业自身取得成功。——译者注

讲。HubSpot 公司致力于帮助企业实现高效的增长，该公司见证了价值创造方式的演变。最初，整个世界都靠销售拉动增长，即销售引领的增长。人们在做销售工作，而咨询属于增值服务。

后来，销售员发现了客户面临的困难，需要将该困难与公司的解决方案联系起来。企业由此开启了营销引领的增长，内容成了新的增值点，这正是 HubSpot 公司发展成为巨大的市场领军者的核心原因之一。该公司投资于内容创作，如博客和视频，这推动并补充了销售团队的工作。

接下来，随着软件购买者的去中心化，一场新的价值运动开始出现：产品引领的增长。产品中的代码成了全新的价值驱动因素，随着各企业围绕产品体验来调整其策略，产品本身变成了获取客户的主要途径之一。基于这一点，各企业意识到，它们的终极目标是网络社群引领的增长。在这种增长模式中，主要的价值驱动因素是联系，不是销售员、推销员或产品中的代码。以人为本的联系（如当人们寻求建议并分享开放而真实的经历时）创造了企业的价值。

价值引领的增长的演变

销售引领的增长	营销引领的增长	产品引领的增长	网络社群引领的增长
咨询	内容	代码	联系

达米胥·夏解释说，HubSpot 公司正在寻找最好的办法来为客户提供最大的价值。该公司从提供产品开始，但随后其意识到伟大的软件只是提供价值的必要条件，而不是充分条件。公司还需要提供优质的内容，而事实上（正如后文所述），你可能会说，HubSpot 公司中嵌入了一家媒体公司。然而，HubSpot 公司的创始人最终意识到，他们还是错过了一样

东西：网络社群。HubSpot 公司在早期就已经对网络社群进行了投资，后来又推出了一个名为 Connect.com 的新的网络社群，重新强调并拓展了公司的承诺。对营销专业人员来讲，这个网络社群可以帮助他们与同行及网络社群成员建立牢固的关系。

网络社群的独特价值

本节将详细地探讨网络社群的独特价值。

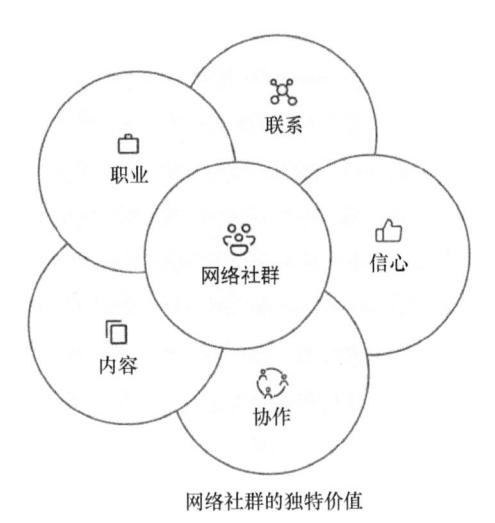

网络社群的独特价值

联系

网络社群的第一个独特价值是联系。网络社群引领的增长是科技行业最热门的增长战略之一，主要原因是它可以建立联系。我们发现，高增长企业创造了有机的网络社群，客户在其中相互连接，建立联系。这些联系是一种关系，一个人与另一个人联系在一起，在一个真实的、人性化的过程中相互支持，这是产品或科技永远无法实现的。

联系是客户、员工或合作伙伴之间互动的核心。热情的客户会与新的潜在客户互动，以便让后者理解与你的公司合作的价值。从长远来看，老客户会告诉新客户如何使用你提供的技术，而行业中的合作伙伴会帮助你的公司实现价值。

除此之外，供应商网络社群主要从雇主的视角来帮助客户。有些公司的软件可能只有少数人在使用。网络社群有助于让这些分散的用户在与其他用户中的同行联系时感受到一种同志情谊。与此同时，新员工会因为他们的新雇主（也就是你的客户）购买了一个拥有广泛网络社群的软件产品而开心（他们会因此拥有更大的网络，也许还拥有更美好的职业前景）。

在 Gainsight 公司，我们每天都看到这种现象。我们的网络社群和现场活动能够让 Gainsight 公司的管理员以平等的身份彼此联系，分享欢乐、挫折、表情符号和图片。而且，我们经常听到，客户成功部门的领导者或经理谈及加入某家新的软件公司时说："谢天谢地，他们已经有了 Gainsight 软件，所以我还在那个网络社群中。"

信心

网络社群的第二个独特价值是信心。人人都知道，软件与技术无关——而与实现技术所承诺的结果有关。而几乎每个所谓的结果都离不开软件和使用软件的一个或多个人。购买者（特别是 CEO 和财务总监之类的高管）在考虑购买新软件时，浮现在他们脑海中的两个问题是："谁用过它？""其他客户是否愿意为这个软件担保？"

公司的决策者通常会想方设法地与其他客户及同行举行坦诚的对话。在你的网络社群中找到一个活力满满的用户群体会增强这些决策者购买你的产品的信心。客户只依赖你的销售团队或营销内容的时代已经结束了，信心是网络社群能够提供的一种至关重要的价值，而这并不仅

CUSTOMER COMMUNITIES

在购买的那一刻发生。现有客户也希望后期仍然可以选择你作为供应商，而且这种想法能够得到进一步加强。通过充分发挥更广泛的网络社群的力量，你可以继续向客户传递这种信心。

除了高管和决策者，做出购买决策或推荐购买的个人代表的是他们的公司。和个人购买不一样的是，这种购买有着不同的视角。他们的下一次晋升可能取决于所购买的这个软件的成功结果，更加重要的是，他们的职业生涯可能会因为购买了这个软件而出现转折。这就要求他们对新的供应商有着极大的信心和相当程度的信任。正因为如此，曾被 Adobe 公司以 200 亿美元收购的协作设计工具公司 Figma 如今正在寻找能够影响设计对话的人，并围绕他们创建网络社群，以增强公司对更广阔的市场的信心。总体来讲，在寻求指导或做出决策时，你信任的人包括：销售人员（在销售引领的增长模式下）、你自己（在产品引领的增长模式下），以及同行和朋友的网络社群（在网络社群引领的增长模式下）。

协作

网络社群的第三个独特价值是协作。杰佛瑞·摩尔在他的畅销书《跨越鸿沟》（*Crossing the Chasm*）中谈到了"全产品"的概念。他的观点是，不要把你的产品简单地视为各种功能的综合，而应当将其视为与拥有该产品的客户体验相关的任何事情。它不仅涉及技术问题，而且涉及整个业务生态系统的协作问题。

例如，如果需要聘请管理员或咨询师来运用或使用你的技术，那么他们就是你的更广泛的业务生态系统的一部分。如果有一群潜在的管理员或用户，而且你很容易聘请他们，那么你的销售业绩就更容易达成，产品更容易迅速投入使用。

举个例子。我们在 Gainsight 公司花费了一定的时间和金钱来从世界各地招募专业人士，这些人具有管理 Gainsight 软件的资格。我们向客户成功运营部门和教育部门的负责人分配了管理客户成功运营网络社群的任务，以帮助在全球范围内培养更多的 Gainsight 软件管理员。除了创建一个招聘板和一个带有职业板块的 Gainsight 管理 Slack 群组，我们还在"脉冲影响"计划下启动了一个名为"全 Gainsight"的项目。该项目的目的是在印度培训重返工作的新父母如何管理 Gainsight 软件，从而充实公司在印度的人才库。由于所有这些努力，我们从根本上增加了人才的供应，为客户降低了总成本。通过在我们身边建立协作的网络社群业务生态系统，我们减少了搜寻和网罗人才所需的时间，降低了软件的总持有成本，减少了实现软件价值的时间，同时扩大了支持者群体。

同样，Salesforce 公司在其他业务中围绕自身创建了一个巨大的开发者生态系统。该公司的员工之间、员工与产品之间的联系足够紧密，以至于他们即使想跳槽，也会加入那些已经使用了 Salesforce 软件的公司。许多人根据自身的经历，甚至说服他们的新雇主改用 Salesforce 软件。通过这种方式，Salesforce 公司与一大群人保持协作，构建了这个具有黏性的业务生态系统，吸引了一批终身粉丝。

但是，搭建一个网络社群的业务生态系统，不仅是构建合作伙伴网络那么简单。它涉及与其他技术供应商的联系，以便在本地整合彼此的技术栈[①]。它涉及一个开发者网络，该网络可以在你的核心产品之上进行扩展。它涉及与投资者建立紧密的关系，以助推你下一步的发展。网络社群的思维提供了一个独特的价值，可以帮助你在业务生态系统中建立协作。

[①] 技术栈是一个 IT 术语，是从事某项工作或某个职位需要掌握的一系列技能的统称。——译者注

内容

网络社群的第四个独特价值是内容。一些公司拥有的内容虽然已经问世了一段时间,但始终无法满足客户的需要。在一家典型的公司中,只有少数人负责为客户创作内容,这些内容既包括说服潜在客户变成客户的营销内容,又包括"售后"内容,其目的是教育和告知现有的客户。

与此同时,你的更广泛的网络社群在持续不断地推出新内容,但可能并不总是以明确的书面形式或易于获取和可重复使用的格式推出。例如,客户在网络社群中谈论你的产品,包括讨论解决方法、交流对新功能的想法、分享最佳实践,以及与他人交流经验等。我们认为,大多数客户比你的大部分团队成员更了解你的产品。因此,你的网络社群中有很多用户生成的内容,你可以大规模地利用这些内容来推动结果的实现。所有这些内容都是基于"由外及内"的视角而不是"由内及外"的视角创建的,这使内容在大多数时候更具相关性,更有价值。

正如我们在后文探讨的那样,网络社群可以作为一个高效的知识中枢,用来记录、开展培训、产生创意、交流最佳实践等,从本质上讲,就是提供能让客户最大限度地从你的产品中受益所需要的一切。它可以是延伸到你的客户成功团队和产品团队的数字化拓展,为新客户提供宝贵的建议和信息。不过,最重要的是,在让客户学习使用产品和分享最佳实践的同时,它还可以作为一种客户与其他客户联系的简单方式,从而提升所有客户的整体认知层次。

另一种形式的内容包括产品创意和客户反馈。软件公司怎样才能变得更好?我们认为,从长远看,唯一的答案是拥有一批忠实的客户。他们会向你提出关于如何改进产品的反馈(有时是善意的,有时是严厉的)。而优秀的供应商会倾听。如果没有网络社群的话,你从哪里获得这些反馈？基于网络社群的热情反馈，我们已经在 Gainsight 公司的客户成功产品中实现了数百个增强功能。

换句话讲，如果你所有的客户携起手来都不能创作你的公司和你的整个业务生态系统所需要的内容的话，那么，还有谁能创作？因此，内容，特别是规模化的内容，是网络社群的另一个独特价值。

职业

网络社群的最后一个独特价值是职业。对网络社群来说，这是一个你可能不曾想到的独特价值。我们相信，归根结底，所有的公司都应当是以人为本的公司。在软件公司工作不仅仅是为了产生利润、创造股东价值、获取新的客户。没错，将这些目标排在优先位置是必须做的，但软件公司的目标还涉及公司中的个人。这些人和你、我们一样，都关心个人进步、学习、收获知识和发展技能。半个世纪前，人们可能会在一家公司干一辈子，但如今，工作的流动性比以往任何时候都更强。如果你的工作、职业或行业建立在强大的且可访问的网络社群基础之上，那么，你更容易在不同的背景下充分运用你的经验。网络社群可以促进同一领域人员的角色转换，因为网络社群中的人更容易观察这个具有透明度的业务生态系统，并且能够与他人联系。在网络社群之中，你培养的一些人际关系可能会在未来给你创造职业机会。最后，网络社群还可以让你的事业兴旺发达。

拥有这些职业机会对你所在的公司也是有益的。我们曾说过，Gainsight 公司致力于从世界各地招募具有管理 Gainsight 软件资格的专业人士。我们主动寻求扩大这个网络社群，通过求职网站持续不断地提供职业机会，并为更广泛的客户成功网络社群提供开放的就业机会。通过培育网络社群，我们希望为个人的职业生涯做出贡献，并且真正为所有人创造成功。

将网络社群作为战略重点

从历史上看，你可以说，对大多数企业来说，购买产品就是购买软件。但在过去的十几年里，客户已经意识到，围绕供应商构建的网络社群是其价值主张的重要组成部分。没有网络社群，产品就只是一个软件而已。到最后，使软件变得宝贵的，是开发和使用它的人。

我们撰写本书的目的是告诉你网络社群为什么成为及如何成为并持续作为企业的战略重点。本书为不同的团队而写，因为我们相信，来自不同企业的领导者对网络社群法则的支持是其获得成功的关键。我们渴望向你表明如何将网络社群与你的企业紧密联系在一起，并将其融入你的战略之中。我们拥有超过 25 年的工作经验，我们的目的是将核心的成功因素提炼成合理的逻辑构建模块。我们在撰写本书的过程中尽可能保证内容精确而规范。

在我们深入探讨创建成功网络社群的 10 条法则之前，我们想向你表明，对企业内部不同的团队而言，如何让网络社群产生价值。第 3 章将研究企业各部门能够以什么方式从下一代的网络社群中受益。

第3章

下一代网络社群如何助推企业成功

驱动净收入留存率的新的全公司战略

| CUSTOMER COMMUNITIES

人类在很大程度上是通过融入社群并在其中展开协作而获取成功的。在现代社会中，很多人不怎么与身边的人们直接联系，而互联网为人们创造了一个机会，使其能够找到由那些与其志趣相投的人组成的网络社群。

在商业领域也一样，各企业已发现了将客户团结在一起的价值与力量，从而促成了过去 30 多年来企业网络社群的诞生和发展。

企业网络社群的演变

从计算机连接的网络和互联网诞生之初，就出现了网络社群。自那时起，这些网络社群经历了大规模的变迁和多次迭代，发展成媒介和论坛。下面将探索企业网络社群在发展过程中所经历的阶段及它们对当今企业的重大意义。

阶段 1

有些读者可能记得最初的电子公告板系统（Bulletin Board System，BBS）。那时，宽带互联网并未广泛普及，人们必须用个人计算机的调制解调器拨号接入网络。BBS 是一种在用户之间发布消息的简单方法，就像那种传统的、挂在墙上的告示牌。20 世纪 80 年代至 90 年代初，BBS 是网络社群的主要形式。

20 世纪 90 年代末，在万维网问世及互联网接入更加普遍之后，用户信息被转换成协议和应用程序，如互联网中继聊天（Internet Relay Chat，IRC）和 ICQ[①]，后者是第一个覆盖广泛用户的短信聊天工具。2000 年年

---

① ICQ 是 I Seek You 的缩写，译为"网上寻呼"，是一个可帮助用户在网上寻找志同道合的朋友并与之交谈或闲聊的工具。——译者注

初，一些受欢迎的网络社群网站开始涌现，如 Digg.com，这是一个社会新闻网站，允许人们投票赞成或反对网络上的内容——这在当时是革命性的。

这些最初的社交手段和网络社群主要由个人在网上进行互动，有时候带着商业目的。

阶段 2

2000 年之后，随着社交媒体的问世，各企业意识到它们需要更多地在互联网上展示自己，而不只是拥有一个网站。脸谱（Facebook）、Reddit、推特和 Instagram 等公司应运而生。同时，一些早期的基于论坛的解决方案开始涌现，从而催生了最早的企业网络社群。

最近几年，各企业开始投资于社交媒体项目，尤其是它们的营销团队，有时还有支持团队。由于客户开始频繁地在不同的社交媒体平台上互动，公司必须跟上客户的步伐，继续发展支持社交和倾听的计划。这个时代主要由一场被动式的支持运动所推动，而社交媒体只是被当成另一个渠道。

企业网络社群的早期倡导者将许多 B2C 品牌（如电信运营商）发展成了它们的客户。随着手机及之后的智能手机的广泛普及，网上互动开始呈爆炸式增长，而提供在线的客户支持对企业来说是关键。于是，越来越多的企业有了自己品牌的"面孔"，因为真正的员工充当了它们的代言人，并在网上与客户展开了真实的（尽管仍然是被动的）对话。

阶段 3

如今，大部分企业放弃了它们早期的社交媒体计划，开始将核心的社交媒体计划融入营销组织之中。时至今日，社交媒体渠道已经成为企业接触和发展受众（与大量客户和潜在客户建立联系）的极具影响的途径，也是广告和广播营销活动的关键渠道。在线平台和社交媒体日益受欢迎的趋势削弱了传统媒体的影响力，大多数企业开始将它们的广告投入大量转移到网上。

与此同时，在过去 5～10 年里，各企业开始增加对网络社群的投入。尽管社交媒体上的互动可能是肤浅的，不太可能建立持久的关系，但网络社群是持续而深入的客户互动的促进者。它已经从单纯的客户支持计划转变为贯穿客户旅程的互动渠道，其中包含诸多不同的团队，如产品团队、客户成功团队、销售团队和营销团队等。网络社群的用例已经扩展到社交、构思、互动、最佳实践分享、思想领袖及代言。网络社群已经从一个工具或平台演变成一种战略，该战略为某个群体创造了一个让他们聚到一起且能产生归属感的空间。

网络社群的发展使企业中越来越多的内部利益相关方受益。一个有趣的类比是客户成功的兴起，这是一个通过采用聚焦客户的方法而实现企业发展的概念。客户成功是一个涵盖全公司的理念，每个团队都需要参与，以改善客户体验。客户通常并不在乎你的企业内部如何运作，他们会从整体上判断软件包或体验的好坏。同样，当客户与你创建的网络社群互动时，他们不仅希望与某个特定的部门互动，还希望与你的整个企业互动。因此，企业内部各部门需要在推动客户成功和建立网络社群方面步调一致。

尽管网络社群有了明显的发展，但并非所有商界人士都理解网络社群包含什么，以及它在助推企业发展方面到底有多大的潜力。下面将阐述人们看待网络社群的旧方式，并将其与人们看待下一代网络社群的新方式进行对比。

人们看待网络社群的旧方式

B2C 支持网络社群是网络社群领域的先行者。大量的工单（客户在线提交的反馈，主要是客户在使用产品或服务的过程中遇到的问题）为启动第一批企业网络社群提供了绝佳的例子。早期，企业用网络社群来解决工单中的问题。这是一个被动的战术层面的动作。网络社群最初只是用户用来互相帮助的简单论坛。

当企业发现很难跟上网络上对其品牌的讨论时，有时候会将网络社群视为"锦上添花"的东西——尤其是随着社交媒体的兴起。

企业想控制所有的在线互动和消息。事实上，我们清楚地记得 2008 年与欧洲一家大型电信运营商举行的一次高管会议。在几个月的时间里，我们的团队制订了一个启动网络社群的计划，然后递交高管讨论，以便最终获得批准。在那次讨论中，一位高级副总裁站起来大声说道："我们不是真的给客户留出一个投诉我们的地方，对吧？"当然，那时候社交媒体的互动已经开始激增，客户有许多投诉渠道的选择。如果企业不参与这些互动，就是在逃避时代的发展。

虽然客户支持依然很重要且关系到客户的去留，但它并没有让企业释放更广泛的价值，而且今天的客户期望更高。只将注意力集中在客户支持上，是看待网络社群的价值的一种旧方式。

根据 Salesforce 公司早期的网络社群先行者艾丽卡·库尔的说法，"从历史上看，客户支持是基本的用例，现在我不会再让这种情况发生了，因为我觉得那是短视的行为。要想让网络社群获得长远的发展，仅提供客户支持并不是最有效的方式。网络社群需要的一定不止这些。"

Salesforce 公司采用一种开放和透明的方法来创建网络社群。正如艾丽卡解释的那样,"对我来说,如果有领导说'我们要保持公开。我们要把网络社群中的每个创意都完全公开',那真是太好了。他们会说:'假如竞争对手认为他们可以做得更好,他们就应当这样做,因为我们都在一起。我们都加入了网络社群,想成为更好的成员,想制造更棒的软件来助推我们公司的发展。大胆去做吧。'而现实是,他们从来没有这么做,从来没有"。

一直以来,企业内部负责网络社群创建与发展的部门经常变动,因为许多团队不知道如何处理这一新事物。企业中的个人常常将网络社群作为一个"叛逆者项目"来推动。人们认为网络社群是一个独立的、孤立的项目,通常很少与企业的整体战略保持一致或融入其中。如果早期的倡导者或业务发起人离开了企业,那就没有人能指导企业如何继续发展一个繁荣的网络社群了,或者没有人告诉其他人该如何发展。在这种情况下,几乎没有什么最佳实践和基准可供参考,而负责维护网络社群的团队规模通常很小,并且依赖个人的单打独斗。

另一种看待网络社群的旧方式是认为它难以确保给企业带来投资回报。有时候,网络社群的运营者难以向内部利益相关方提供相关的见解和数据,这就导致了他们的角色被淡化,因为他们得不到企业高层的认真对待。网络社群的关键绩效指标往往包含网络社群成员的数量、网页的浏览量或网络社群的注册人数。如果网络社群运营者把注意力集中在商业结果上,那他们几乎只把网络社群对工单中问题的解决情况视为投资回报。这与 2005—2015 年的思维方式一致,即将企业网络社群主要作为客户支持平台。该观点以更广泛的业务模型思维为导向,仍然专注于旧的销售漏斗模型,被动地为客户提供售后服务。虽然围绕客户支持质量的特定关键绩效指标依然存在,但客户支持团队被企业高层视为成本中心,对网络社群的看法与此相呼应。是的,你能相信吗?在那段日子里，留住客户并不是最热门的话题。事实上，在过去几年里，"客户留存率"这个词在网上的搜索量已经翻了一倍多。

这不仅是对支持用例的限制，也是一种围绕网络社群平台技术的传统思维。例如，思考一下网络社群中的"注册"这一概念。这意味着客户除了在购买产品时需要注册，进入企业其他系统时也需要注册。为了防止这种情况的发生，我们假设客户已经在本公司的客户关系管理系统或产品授权数据库中有了记录。与此同时，网络社群从业者必须尽最大努力让人们在平台上注册，而企业中其他团队的数据库中已经有了这些人的数据，从而浪费了大量的时间和精力。我们在这里谈论的并不是单点登录。当然，对于所有与企业相关的系统，使用同一个登录账号很好，但并不能否认这样一个事实：在你真正注册之前，你并没有进入网络社群——无论你是否采用了单点登录。

这种各自为战的方法导致企业重点关注网络社群的成员数量和相关活动指标。负责网络社群业务的团队需要想方设法赢得客户的关注，而且企业根据有多少现有客户在孤立的网络社群环境中创建了账户来判断该团队的业绩。

这并不意味着成员数量、网页浏览量和活跃度不重要。它们可以决定你的网络社群的健康状况，但不能就此开始或止步于此。事实上，你也可以争辩说："数量多不代表质量好。"一个团体的成员素质并不总是随着团体规模的扩大而同步提高。所以，你可能会争论是否应该将注册人数的多少作为一个关键目标。我们看到，在很多网络社群中，注册者人数占总客户人数的百分比通常很小。

这让我们想到了另一种旧的思维方式，即网络社群成员需要积极参与平台活动。但在现实中，网络社群中提出的问题数量占客户支持部门收集的问题总数量的百分比通常也很小。不过没关系，我们很快就会解释这一点。最后，在尽可能多地回答网络社群中的问题以减少客户支持部门的员工数量的背景下，关注"超级用户"和"一对一支持"，对企业来说并没有实质性的意义。没错，一些客户的确会在网络社群中提供帮助，并且可能为你的企业免费提供支持资源。然而，对更大的企业来讲，直接裁员带来的成本节约并不能作为企业投资回报率的论据。这并不意味着企业不应该培养和发展超级用户及代言人。这么做的商业理由有很多，但减少人员的目标并不是其中之一。

人们看待下一代网络社群的新方式

人们应当怎样看待网络社群？在回答这个问题之前，先回顾客户成功这门学科的兴起。如前文所述，随着基于订阅的收入模式的兴起，聚焦于现有客户变得越发重要。客户支持很大程度上是一种被动的行为，客户成功则是一种面向客户的更主动的增值方式。企业意识到让客户通过购买它们的产品获得巨大成功也是它们的工作，并开始在这方面投资。随着从客户支持到客户成功的转变，网络社群的战略、目标和用例也得到了扩展。

研究型咨询公司高德纳（Gartner）在其发布的《B2B 客户网络社群平台市场指南》(以下简称《指南》)中指出，如今拥有网络社群的企业"通常会不断发展网络社群，以便将支持论坛发展为更广泛的用例集，包括客户采用、互动、代言和增长"。这份报告的一个重要发现是，"虽然客户网络社群过去常常起源于客户服务，但如今，它们在整个客户旅程中能够支持多个用例，以便扩展客户和潜在客户的数字化互动"。

在客户网络社群用例的发展中，高德纳提到了"网络社群无处不在"的概念。高德纳指出："平台已经从通过单一入口点提供体验的中心模式转变为通过多个入口点邀请网络社群的成员互动。"《指南》指出，"企业希望不再仅通过登录到网络社群的'站点'来嵌入网络社群体验，而是自然地在整个客户旅程中嵌入这种体验。网络社群无处不在意味着企业能够在客户的任何数字渠道及产品中（包括网站、社交媒体、活动、客户支持聊天机器人信息传递渠道等）嵌入网络社群，并与之互动。网络社群无处不在意味着客户不必离开原来的渠道就能以双向互动的方式参与网络社群，而且这种互动并不是简单地将一个链接或社群内容推送到原来的渠道"。

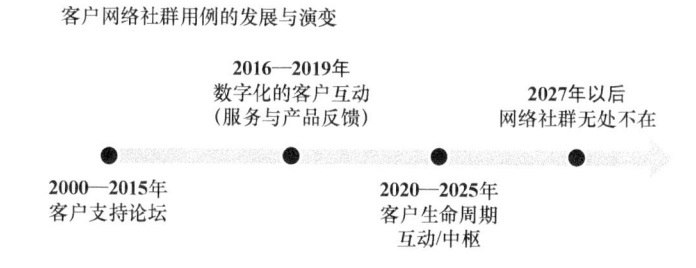

客户网络社群用例的发展与演变

- 2000—2015年　客户支持论坛
- 2016—2019年　数字化的客户互动（服务与产品反馈）
- 2020—2025年　客户生命周期互动/中枢
- 2027年以后　网络社群无处不在

资料来源：高德纳公司。

网络社群是企业的基础，它能促进企业与客户的所有互动，无论他们在何处，也无论他们什么时候想互动。它是企业战略的核心，没有与客户的互动，就没有业务。

与客户关系管理相比，网络社群是企业用来管理与客户及潜在客户互动的战略。我们经常提到，客户关系管理系统是一个客户联系与销售管理工具。世界上超过 90% 的企业使用该系统，它是一种经过验证的基础战略和技术，可以促进企业内部的业务运营。网络社群则是一种支持企业外部要素（客户）的战略和技术。它是企业与客户之间关系的黏合剂，充当互动和内容发布的平台，构建和支持企业的业务。它应当支持企业现有的流程和关键绩效指标，而不应当被视为一个有着独立目标的不同业务板块。网络社群关系到塑造企业的品牌，是企业与客户建立联系的核心。

我们看待网络社群的另一种方式是它带来了多大的规模。前文说过，网络社群中提出的问题数量占客户支持部门收集的问题总数量的百分比很小。这倒没关系，因为我们不应该根据网络社群的直接贡献来判断它的有效性。网络社群的有效性取决于其带来的间接影响。也就是说，重点不在于网络社群能否给出某个问题的答案，而在于如果网络社群给出了某个问题的答案，那么有多少人能看到这个答案。网络社群的有效性还取决于你所创作的内容，以及围绕你的企业所建立的关系。基本上可以将网络社群的有效性比喻成复利——从利息中赚取的利息。你拥有的内容越多，赢得的信任就越多，创造的可持续的优势也越大。

吉莉安·贝杰特里奇是一位经验丰富的网络社群创建者和领导者，他目前正在建设 Calendly 网络社群。他说："平均而言，我们从网络社群中收集的每个帖子都有 234 次后续浏览量。但这并不意味着 234 人的问题得到了直接的答案，但确实意味着在这 234 人中，有一定比例的人不再向企业提交工单。即使这个比例只有 20% 或 30%，也是一个相当可观的数字。"

这一观点不仅适用于网络社群中提出的问题，也适用于网络社群中所有其他类型的互动。HashiCorp 公司网络社群发展总监梅丽莎·格尼·格林说："HashiCorp 用户群组项目遍布全球 53 个国家，在 145 个分会中拥有超过 36 500 名 HashiCorp 用户。每位组织了 Hashi Talk 的网络社群演讲者都对应 50~100 名被动的网络社群成员。"因此，如果仅根据网络社群演讲者的直接数量来判断网络社群的有效性，就会忽略网络社群已经实现的间接规模。另一个例子是 Slack 平台上的成员的参与度：重要的不是有多少人没有收到客户互动消息，而是在接下来的 6 个月有多少

第3章 下一代网络社群如何助推企业成功

人阅读了你在网络社群中发的帖子。事实上，优秀的网络社群的成员规模比你的客户群体规模增长得更快。这意味着，当客户群体规模不断增长时，如每年增长 1 倍，那么活跃的网络社群的成员规模增长速度至少与其相同，甚至更快。

网络社群的有效性只取决于具体举措的可扩展性。举例来说，虽然你不需要查阅所有客户的评论，但你可从点对点评论网站上引用来自最忠实的网络社群成员的评论。或者，虽然网络社群中的超级用户可能导致你无法缩减内部支持人员的费用，但他们可以为你提供支持团队无法提供的解决方案，甚至还能为数十位其他客户提供解决方案。或者，到最后，可能有一位产值达百万美元的企业客户参加了你的高管活动，决定续签你的服务，因为对方想加入你的网络社群。对方对你的企业产生了归属感。

我们还应当从有别于技术视角的角度来看待网络社群。客户关系管理系统和 Gainsight 之类的客户成功管理系统应当与网络社群的技术紧密融合在一起，以提供无缝的客户体验。那些已经加入了你的客户关系管理系统中的客户会自动地成为你的网络社群的一分子（也成为你的潜在客户——要记住，在本书中，我们讨论的是客户，但也包括更广泛的利益相关方群体）。当他们下载你的电子书或观看你的活动时，不需要单独注册，因为他们已经作为你的客户或潜在客户注册过了。账户、客户旅程及客户健康数据应该影响个性化网络社群的体验。高管面前的"仪表盘"应当能清晰地显示每个人的 360 度全景视图及汇总的业务结果视图。

我们将在后文介绍网络社群法则，你会在其中一条法则中看到，网络社群应被视为集中了所有内容与互动的客户中枢。与客户相关的所有内容都应当在一个单独的空间提供，以便为客户带来流畅的体验。例如，你所有的产品路线图更新、活动内容及客户培训计划，都是网络社群的一部分，而不是在单独的客户旅程中和平台上。企业必须提供一定的培训与支持，并且创造客户期望的更广泛的自助服务体验。这种对网络社群的整体看法，要求网络社群发展为支持下一代业务需求的平台。

下面的表格概括了看待网络社群的新旧方式之间的核心差别。

旧 方 式	新 方 式
叛逆者项目	"全公司"战略
客户支持	客户成功
客户支持部门的关键绩效指标/呼叫转接	净收入留存率
战术计划	企业战略
孤立的、单独的网络社群网站	融入客户旅程之中
被动的	主动的和个性化的
聚焦于关键绩效指标，如成员	聚焦于商业成果
只聚焦于直接贡献	聚焦于扩展网络社群
松散地整合	融入客户关系管理系统和客户成功平台之中
碎片化的内容体验	集中的内容
事务性的互动	归属感
主要聚焦于内容	以人为本并且重点关注人

以新方式看待网络社群，企业中所有的部门都会从中受益。第 4 章将深入探索如何实现这一点。

第4章

网络社群对企业的强大助力

各团队如何从下一代网络社群中受益

我们提到过，人们已经建立了支持团队充分利用网络社群的用例——这是第一波企业网络社群发展浪潮的主要驱动因素。即使在今天领先的客户成功网络社群中，客户支持依然是网络社群价值最重要的驱动因素之一。

支持团队如何从网络社群中受益

在寻求某个问题的答案时，考虑客户的选择。关于某个产品或某项服务的问题，通常可以通过一对一渠道联系上支持团队，对于紧急的问题，或许这是最好的办法。然而，许多问题并不那么紧急，如果使用一对一渠道，可能并不方便，因为你只能在支持团队办公时才能得到回应，或许还要排队等候，甚至会遇到机械的聊天机器人或交互式语音应答系统。因此，许多客户会选择先上网查询资料。研究公司 Forrester 几年前就得出结论：人们对自助服务渠道的偏爱早已超过一对一渠道。

自助服务体验通常从浏览可用的资源或上网查询资料开始。事实上，上网查询资料很有可能是客户寻找问题答案的第一步。一些知名搜索引擎每天的搜索量高达几十亿次，用搜索引擎搜索答案早已成为人们的习惯。同时，这些搜索引擎通常将自助服务和网络社群驱动的内容作为最相关的结果呈现给人们。有位客户最近告诉我们："当我在使用 Salesforce 软件的过程中遇到某个问题时，就会用谷歌来搜索答案——尽管我很了解 Salesforce 软件的网络社群，而且谷歌最终也会把我引导到那里。"

网络社群中的内容之所以如此强大，主要原因之一是它描述的问题比官方文件、聊天机器人和常见问题解答更加具体。随着时间的推移，这些问题和答案作为一种长尾内容保留在网络社群中，其覆盖的范围远远超过任何官方资源，因为网络社群通常是回答某个极为具体的问题的唯一地方。这一点使网络社群具有额外的优势：假设网络社群是公开的，网络社群中的所有内容都将被谷歌等搜索引擎持续抓取，使之即时地显示在提出同样问题的人眼前。这是有益的，因为客户使用简单的日常用语来提问，而不是使用企业内部的行业术语来提问。这增加了其他客户找到这些内容的可能性，因为这些日常用语可能与他们在搜索引擎中输入的关键词更接近。

显然，随着网络社群内容的增多，规模因素也在发挥作用，而且这个因素十分强大。除此之外，网络社群往往还会邀请人们回答一些常见问题解答或聊天机器人无法回答的问题。并非所有客户查询的都是简单的"如何做"问题，这类问题有标准的回答模式。

有时候，客户希望完成某项特定的工作，这或许超出了你的产品团队的工作范畴。例如，当有人寻求建议时，网络社群允许其他客户给出回复，这些回复可能比官方内容或支持团队的建议更有帮助，更值得信赖。或者，当有人寻求最佳实践时，网络社群或许是一个更好的地方，因为在那里，人们可以和同行分享并讨论众多不同的见解。从支持团队的角度来看，这为他们腾出了时间和资源，让他们专注于他们最擅长回答的问题。Sonos 公司网络社群计划主管迪特·索尔索·科尔斯格尔德说："在我们的网络社群中，只有 50%的咨询与解决某个问题有关；其他咨询与获得操作指南和建议有关。"从这个意义上讲，对支持团队而言，网络社群的扩展能力不仅可以帮助他们解决工单问题，还可以让他们专注于处理他们最有资格回答的问题。

最后，我们必须探讨网络社群在一对一支持方面无与伦比的力量。企业网络社群第一波发展浪潮涌现的理由是知识丰富的客户相互帮助并为大多数人提供具有高性价比的支持。从游戏化系统到超级用户计划，

| CUSTOMER COMMUNITIES

一切都是为了让网络社群中知识最渊博的成员能够最大限度地参与互动。即使在广泛的网络社群中，也只有少数用户不知疲倦地回答大多数问题。这种情况太常见了。

即便不采用这种思维模式，我们依然高度重视一对一支持，但现在，要从新的视角来看待它。在我们的网络社群中，顶级成员常常是最宝贵的客户和代言人。我们与他们建立了持久的关系。在与 Unqork 公司等科技巨头合作的过程中，我们经常发现绝大多数问题并不是由公司员工回答的。Unqork 公司网络社群主管丹尼·潘克拉茨说："虽然这不一定是为了缩减支持团队员工的人数，但我们的支持团队可以帮助更多客户，我们不需要随着客户规模的增长而增加更多的支持人员。此外，由于我们的网络社群解决了许多简单的查询问题，因此支持团队能够专注于只有他们才能解决的影响更大的活动和工单。"这是创建高效企业和控制销货成本的绝佳办法，销货成本是在构建和运营基于订阅的软件服务时产生的直接成本。

吉莉安·贝杰特里奇是 Calendly 公司网络社群的领导者，也是 Zapier 公司的前网络社群主管，以前曾在 Zapier 公司运营支持网络社群。Zapier 是一家工作流程自动化公司，由于其产品在技术上有很多不同的可能性，因此出现了众多不同的用例。该公司可以在 18 小时内回复网络社群中 85%的问题。网络社群成员不可能回答所有问题，这些问题会被推送到公司内部的 Airtable 系统中，该系统使用算法来找出需要首先解决的问题。贝杰特里奇解释道："我们几乎每天都在分析数据，以便想办法创作正确的内容，既有主动回答的内容，又有被动回答的内容。我们的目标是观察某种趋势是否开始出现。当某种趋势刚出现的时候，它可能还算不上一件很重要的事，或者只能算一个偶然事件。而我们能够比其他人更早注意到它，并尝试做出反应，用十分强大的搜索引擎优化来发布文档,并且确保在正确的时间、正确的地点,为客户提供正确的知识。"

客户成功团队如何从网络社群中受益

客户成功是一门相对较新的学科。然而,我们越来越多地发现,在客户成功组织内部,推动网络社群项目正在成为一种趋势。企业网络社群的第一波发展浪潮侧重为大型 B2C 公司被动地解决大规模的问题。然而,网络社群在更广泛意义上的知识共享方面,也就是在提供最佳实践、指导和建议方面,可以变得更强大。换句话说,网络社群能够提供关于如何取得良好的结果并从产品或服务中提取价值的指导和建议。所有这些都非常接近客户成功团队每天对客户所做的核心事情。网络社群可以为这种大规模的知识共享提供独一无二的平台。

下面用一个简单的例子来说明为什么客户成功团队应优先考虑网络社群项目。客户成功经理收到的最常见的问题可能是:"我想和某个处境跟我差不多的人交谈。"当然,作为客户成功经理,你可以将不同的客户介绍给彼此。这是一种很好的做法,两名客户在一次通话中分享知识的场景非常少见。但在网络社群中,通过用户群的促进,或者仅通过对最佳实践的活跃探讨,这种场景一下子就变得常见了。

近几年,企业越来越关注数字客户成功的理念。和着眼于控制成本的支持团队一样,客户成功团队如今也将可持续增长作为主要目标。通常而言,这种现象一定程度上意味着根据套餐或合同价值,将客户细分为相对较高或较低的层次。在许多情况下,数字客户成功计划将网络社群定位为较低接触层次客户的主要资源,这些客户可能没有专门的客户成功经理。这是一种明智的做法。不过,这里有一个陷阱,即认为网络社群只针对较低接触层次的客户。在实践中，我们通过观察发现，网络社群对所有接触层次的客户而言，都是一种强大的资源。所有客户都会受益于与网络社群中其他人的联系。此外，较高接触层次的客户也在寻找继续教育、代言及社交。还有，对这些客户来说，在网络社群中寻找信息和答案为他们腾出了时间来进行更具战略性与影响力的对话，如在高管商业评论期间和其他登录期间。出于这些原因，客户成功团队越来越多地利用网络社群在所有细分市场推出数字引领的项目和大规模自助服务。

所有的客户成功团队在其全部细分市场都十分重视的一件事情是了解客户的互动程度。"互动"是一个广义的术语，它可能包括产品采用度、电子邮件的打开率，以及更多的潜在客户留存与流失风险的指标。网络社群使人们多了一层理解，并且使企业可以直接影响和增强客户的互动。如果知道客户正在访问网络社群、提出问题、分享反馈，客户成功团队就对其网络社群平台的健康状况有深入的洞察。我们越来越多地看到，网络社群的互动指标被纳入 Gainsight 等客户成功平台的健康状况计分卡中。根据我们与数百家 B2B 科技公司的合作，我们认为，将每月在网络社群中互动的客户人数从 10%提升至 50%，就有可能为客户成功团队带来深刻的见解，并间接影响净收入留存结果。

营销团队如何从网络社群中受益

我们很少看到主要由营销团队掌管和推动的网络社群。我们经常看到的是由支持团队与客户成功团队掌管和推动的网络社群。但营销团队有许多很好的理由参与网络社群，而且他们将因为从网络社群项目中获得价值而兴奋不已。

第 4 章 网络社群对企业的强大助力

曾几何时，客户的购买行为可能很大程度上基于营销活动、销售宣传、商业应用程序或对需求建议书的响应等。然而，如今，无论是购买一台吸尘器，还是购买一个全新的 SaaS 平台，几乎可以确定，人们将从朋友、同行及现有客户那里寻求意见和建议。许多研究表明，人们有 90%以上的可能性根据别人的推荐购买某个品牌的产品。网络社群可以成为思想领袖的强大催生器，企业最忠诚的客户会在这里推荐企业的产品。网络社群变成了一个开放透明的获取新客户的渠道，而且新客户的获取成本只占传统客户获取成本的一小部分。

虽然口碑推荐对所有企业来说都是一项显而易见的重要资产，但事实是，网络社群可以通过营销生命周期传递价值。人们在网络社群中创作的所有内容都能够驱动强大的搜索引擎优化结果，通过网络社群将额外的流量汇集到域内网站，不可避免地将一部分访问者吸引到网站上的产品和其他页面。网络社群的内容成为持续进行的内容营销主题与机会的无限来源。

在产品生命周期的考虑和购买阶段，网络社群持续通过产生客户创作的推荐与评论来增加产品价值。在网络社群中，这些都容易找到和获得。精明的营销团队会确保这些客户产生的见解在客户旅程中的其他关键触点[①]浮现出来。事实上，客户网络社群的一个最大影响是，它可以让你与你的忠实拥护者建立深厚的关系。通过创作案例研究和网络研讨会等内容，网络社群为协作和伙伴关系创造了机会。这对营销团队来说尤为珍贵。而对创作者来说，这既是一个拓展职业生涯的机会，也是一个将自己定位为思想领袖的新途径。这是真正的双赢。

简单来讲，客户网络社群提供了一种独特的可能性——利用群体智

[①] 触点是指在客户与企业建立联系的过程中的一切沟通与互动点，包括人与人之间的互动点、人与物理环境之间的互动点等。——译者注

慧产生真实可信的客户推荐和价值证据。我们讨论的许多主题都适用于完整的售后过程。这是网络社群引领的增长，在这种增长模式下，产品的使用者既是产品代言人，也是其他潜在客户的支持人员。这一点是电子邮件或付费搜索广告无法比拟的。如果企业可以充分利用活跃的网络社群的互动，使数百万人都对其产品进行宣传，那么企业上下就可以更多地专注于建设网络社群而不是销售产品。

面向在线商店的电子商务平台 Shopify 将这种互动和更广泛的思想领导力提升到了一个新水平。Shopify 成为一个动词，成为电子商务中的标杆。在电子商务平台上，品牌名称变成了行业产品。人们围绕企业家精神和创业，创建了一个繁荣的产品网络社群。而这远不止 Shopify 本身那么简单，而是成为一场以小企业和企业家精神为核心的运动，并以企业的品牌口号鼓舞了"反叛者"。企业创建了一个不断发展的网络社群和业务生态系统，而这在企业的整个发展旅程中至关重要。

产品团队如何从网络社群中受益

科技公司在不听取客户反馈的情况下就制造产品的时代早已远去了。今天客户的购买决策很大程度上受到同行推荐和客户评论的影响。例如，对于 B2B 的 SaaS 产品，G2 网站上的评论会极大地影响人们的购买决策。这意味着产品团队必须主动参与到产品反馈闭环之中。不过，在实际工作中，常常说起来容易做起来难。许多科技公司难以处理涉及多个客户数据来源的碎片化信息，从而无法将这些信息汇总起来以得到有效的反馈，并使产品团队难以确定其路线图的优先等级，或者难以从客户的角度理解是什么限制了客户对产品的采用。

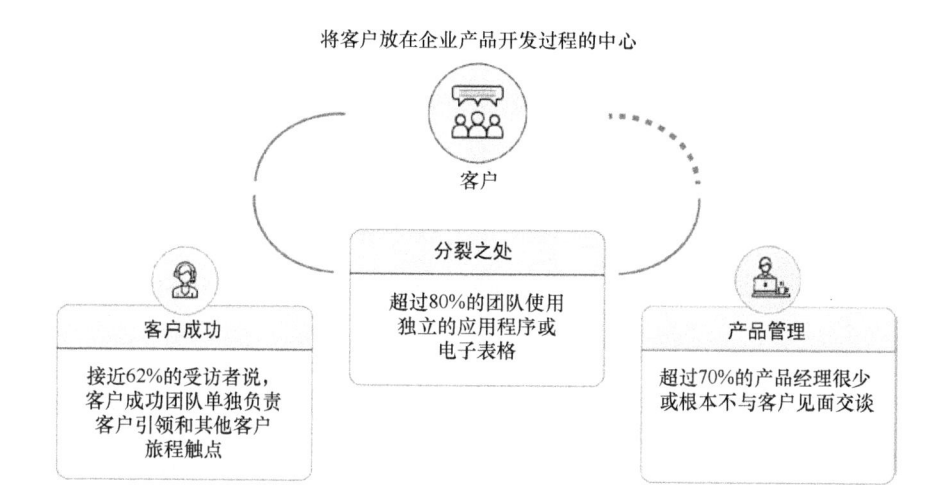

第4章 网络社群对企业的强大助力

将客户放在企业产品开发过程的中心

客户

分裂之处
超过80%的团队使用独立的应用程序或电子表格

客户成功
接近62%的受访者说，客户成功团队单独负责客户引领和其他客户旅程触点

产品管理
超过70%的产品经理很少或根本不与客户见面交谈

这些挑战导致领先的科技公司开始利用客户网络社群的力量来创建集中的空间，在这个空间，公司能够获得以个人观点为主要形式的产品反馈。网络社群不再局限于产生源源不断的个人反馈，而是变成了一个成员能够在其中协作，并且围绕所分享的观点进行投票的空间，由此开辟了一条高度可扩展的、高效的路径来聚合和展示客户真正需要的产品功能。于是，支持团队和客户成功团队常常可以积极地推广网络社群，将其作为分享反馈的集中空间，解决大量的碎片化问题，并最终结束没完没了的电子邮件和电子表格，它们充斥着没有经过汇总的个人反馈。

一对多渠道的好处在于，它通过回复评论或澄清问题，开辟了与客户进行高效的、可扩展的协作的可能性。事实上，虽然来自产品团队的支持对网络社群反馈计划至关重要，但最有效的计划应由产品团队自己掌管，由产品经理直接参与网络社群的互动。这以一种前所未有的方式闭合了反馈循环，使客户和产品团队之间有可能建立直接的和信任的关系，这是任何其他渠道都无法做到的。

Involve.ai 公司（一家提供客户健康预警信息的平台公司）客户情报

| CUSTOMER COMMUNITIES

战略家和董事会顾问玛丽·波彭认为，产品团队未来可以比今天受益更多。玛丽说道："通过将网络社群中客户的声音联系起来，你能以一种可扩展的方式与客户及产品团队互动。客户可以看到其他客户在请求什么，因此，这使许多改进措施对路线图更有效。对大多数客户来说，保持路线图的一致性而不是客户（尤其是企业客户）要求的一次性很重要。网络社群可以使这个过程变得更加顺畅。"

面向建筑市场销售软件的 OpenSpace 公司在其网络社群负责人尼基娅·克里斯托莫的领导下，创建了一个真正的网络社群。该网络社群的创新者群体是 OpenSpace 公司的粉丝和拥护者，他们相互帮助，在职业生涯中共同成长。公司的产品主管杰斯·林在这个网络社群中与整个内部产品管理团队互动。他说："我们是一个时刻将客户放在中心的组织，对产品团队来说，这意味着我们要与许多客户对话。但是，你在一周之内能够处理的客户来电是有限的。特别是，对客户来讲，时间是他们最宝贵的资源。因此，客户打电话给我们，尤其是打给他们想交谈的人，付出的代价可能十分昂贵。有了这个网络社群，客户可以随时随地和我们及其他客户互动，而无须专门挤出时间给我们打电话。这非常有价值。如今，这种情况甚至更进一步。我们的产品经理和设计师知道，一开始给客户发电子邮件时，首先得在网络社群中发帖，提出一个问题。更好的做法是在网络社群中搜索你的问题，因为或许已经有人提到了你感兴趣的内容。顷刻间，你会发现有 5 个人想跟你交谈，或者你会找到问题的答案。对我们来说，网络社群已经发展成为一种用于产品开发的以客户为中心的方法。"

产品团队必须在沟通中保持公开透明，以便在客户给出他们的见解后关闭反馈循环。通过清晰地告诉大家哪些观点、建议和其他反馈将被纳入路线图中，并且清楚地解释其中的原因，企业可以构建可信任的反馈循环。通过发布产品新闻和新的专题文章、更新路线图，可以增强该反馈循环。

对产品团队来说，网络社群还有很多好处。通过大规模地阐明产品及工程团队研发的内容，可以提高产品采用度。这样做可以让参与最多和最有帮助的 Beta 测试[①]人员浮现出来。网络社群团队已经将招募品牌代言人作为一种标准做法加入 Beta 测试计划。这提高了 Beta 测试计划的可行性，与品牌代言人建立了更紧密的关系，并支持他们发展自己的知识和专长。在实际中，这样做还有一个好处：在发布新产品或产品的新功能后，你在网络社群中就拥有了一批代言人，他们将激励其他成员，并帮助其他客户使用这些新功能。

尽管客户网络社群永远不可能完全替代其他反馈渠道，也不可能使研究、Beta 测试计划及客户体验测试变得不再必要，但它们确实能使产品团队更高效，更具可扩展性，并且强力推动了产品采用度和客户满意度的提高。

销售团队如何从网络社群中受益

让我们清楚地表明一点：我们从来没有见过哪家公司主要由销售团队来创建、掌管和领导网络社群项目。在网络社群中，人们可以学习、分享、真诚地和他人联系。人们最不希望看到的是，加入某个网络社群后，接收到一大堆广告和持续不断的推销信息。然而，这并不意味着销售团队就不能从网络社群中受益。

[①] Beta 测试是一种验收测试，是软件产品完成功能测试和系统测试之后，在产品发布之前进行的测试。它是技术测试的最后一个阶段。通过了这种测试后，产品就会进入发布阶段。Beta 测试应检查软件能否按合同要求进行工作，即是否满足软件需求说明书中的确认标准。——译者注

CUSTOMER COMMUNITIES

正如前文所述，网络社群可以催生思想领袖和来自忠实拥护者的推荐与建议，这有助于获取客户。销售团队不能将网络社群视为直接的潜在客户生成器，但可以利用对网络社群的洞察，将其作为追踪、发展潜在客户的一个平台。将网络社群与 Salesforce 等客户关系管理系统整合在一起，销售团队便能运用其中的数据来筛选潜在客户。采用这种方法，企业可以追踪网络社群中的活动与客户转换率之间的关系。有的企业已经着手引入"客户成功线索"或"网络社群成功线索"等概念，并同步组建了"销售成功线索"等团队。

此外，在客户拓展方面（如交叉销售和向上销售①），网络社群可以发挥强大的作用，告知客户有哪些新的或未得到充分运用的平台功能。通过向客户展示其他客户如何充分利用产品的性能或如何推动应用程序内网络社群消息的传递，可以在现有客户身上创造拓展的机会。

因此，虽然网络社群只是一个真诚互动的地方，而不是一个直接产生潜在客户和销售结果的地方，但它在影响客户获取方面及在销售漏斗的后续阶段发挥着重要作用。

例如，在沟通平台提供商 Twilio 公司，网络社群是其整体上市战略的核心部分。从成立之日起，该公司就主动参与开发者生态系统，从网络社群引领的增长中受益。许多人把开发者对产品的代言视为网络社群的一种形式，但 Twilio 公司在此基础上更进一步：员工们上班时穿着 Twilio 公司的文化衫。这一行为在公司发展早期就成了一个品牌和象征，Twilio 公司甚至都没有推广这一行为。客户对 Twilio 公司产品的喜爱与兴趣使该公司的网络社群呈现出一种全新的面貌。该公司完全是自下而上创建的。

---

① 向上销售是一种销售策略，它通过推荐更高级、更昂贵的产品或服务来促进客户的购买行为。——译者注

第 4 章　网络社群对企业的强大助力

柏尚风险投资公司合伙人塔里亚·戈德伯格解释道:"当 Twilio 公司上市时,它只有几十名销售代表。今天,这一数字达到了数百名。因此,很明显,随着销售层级的增加,该公司的上市战略日趋完善,并获得了长足的发展。Twilio 公司的整体根基很大程度上建立在网络社群引领的增长和业务生态系统之上。几乎没有哪家公司能如此有效和高效地达到这样的规模。对 Twilio 公司来说,一切都源于其创建了网络社群。"

小结

在本书第 1 部分,我们阐述了与网络社群的历史及演变相关的大量基础知识,还探讨了领先的科技公司是怎样利用网络社群的。在本书第 2 部分,我们将深入核心,探索创建网络社群的 10 条法则,这些法则将为你制定合适的网络社群战略提供必要的支持。在本书第 3 部分,我们将针对如何创建繁荣的网络社群和克服内部障碍提出实用的建议。

第 2 部分

创建网络社群十大法则

第 5 章

法则 1：你可以随时开始

无须花费太多，人人都可以帮忙

经营一家企业在任何时候都具有挑战性。无论你是在家办公，试图找到你的第一批客户并向他们交付产品或服务，还是在一个全球组织工作，正在想方设法地为公司争取在公共市场中的主导地位，每段旅程都有着独特的考验和复杂的环境。但是，与创业、融资和拓展新业务的早期经历的各种各样的考验和磨难相比，这些都不值一提。

借助网络社群的力量吧！对许多处于创业初期的公司来说，加入网络社群的好处是能够让它们坚持住，以应对日常的挑战，做出优秀的决策。但是，卓越的初创公司不会只简单地利用网络社群——它们从公司创立的第一天开始，就将网络社群作为公司 DNA 的一部分。这可以通过本地聚会、低成本的数字渠道，甚至通过投资工具和资源来实现。所有这些都有助于它们建立更强大、更有意义的互动基础。

Tableau 公司前首席营销官艾丽莎·芬克回忆了该公司早年营业收入达到 500 万美元左右的日子。那时，公司正在与更大的传统商业智能平台竞争。她意识到，在那个时候，"如果我们有一个令人开心的网络社群，成员们在里面学习并分享，那他们很可能会谈论我们公司。他们会成为我们公司的代言人，提高我们公司的知名度和品牌影响力。他们会放大 Tableau 的影响力——夸它有多棒，说有多爱它。试问，当你想购买某种产品或服务时，还有谁的建议能比那些真正购买并使用了这种产品或服务的人的建议更值得信任呢？"

芬克解释道："我们在举行第一次客户会议时，将网络社群的早期成员聚在一起，但公司内部有人对此持怀疑态度，说这样做有些太早了。他们说公司还没有做好运营网络社群的准备。但在那次会议之后，人们真正意识到：'是的，这是件好事。这会让我们与众不同，使我们脱颖而出，并使我们的资金得到充分利用。'事实确实如此。网络社群造就了我们公司的品牌代言人，他们强化了我们传播的信息。"

第 5 章　法则 1：你可以随时开始

无论是进入一个拥挤的市场、尝试创建一个新的品类、希望更有效地留住客户，还是改善产品与市场的契合度，各企业都将目光投向了网络社群，而且起步工作既不难，也不贵。

如何从一开始就进入网络社群

过去几十年的科技创新的一大好处是，它为企业频繁地与客户和市场互动并建立联系提供了更有效、更高效的工具和渠道。那就是说，永远不要低估在现实中与客户面对面沟通的价值，也不要小看由此产生的人际关系所带来的好处。

正如前文所述，考虑创建网络社群这件事，无论多早都不为过。我们看到，有几十家初创公司在编写第一行代码或将实际的产品与服务推向市场之前就建立了网络社群。它们并没有冒着产品与市场契合度很低的风险，而是在创业初期就花时间和精力来识别潜在市场，与这个市场中的人互动，寻求创意和反馈，了解面临的挑战和痛点，分享概念和原型，并且作为思想领袖与客户建立和谐的关系。它们不仅在自己的网络社群中这么做，还通过加入其他网络社群这么做，如回复社交媒体上的帖子或博客文章、加入论坛并回答网络社群中的问题，或者参加虚拟的或现实中的活动并且与志趣相投的人聊天。这就是网络社群的好处——只需要付出一点点努力，你就几乎可以在任何地方创建它。

卓越的公司将网络社群融入了它们的 DNA。它们密切地关注并致力于维护与客户的关系。从成立第一天开始，它们不仅思考自身的产品或服务，而且考虑如何充分发挥人际关系的力量来推动核心业务（产品、销售、营销及客户成功等部门的业务）的发展。网络社群已经融入它们的使命、愿景和战略规划之中。这需要整个团队付出努力。真正的网络社群驱动心态是过去 20 多年客户体验和客户成功运动的自然演变。

那么，这意味着什么？你又该如何开始呢？

了解你的受众

了解你的受众，是我们在本书中频繁提到的一件事，因为它是创建网络社群的各个阶段必不可少的要素。当你开始创建网络社群时，你需要知道谁是你的客户，并且了解他们的目标、痛点和挑战。他们面临什么技术问题吗？他们想建立关系网络吗？他们渴望获得灵感和最佳实践吗？他们是否正在努力证明自己的价值？也许最重要的是，你如何帮助他们实现目标？正如 Salesforce 公司的网络社群先行者艾丽卡·库尔所说："极为重要的是，绝不要忘记，你所做的每件事背后都是鲜活的个人，在你期望得到任何回报之前，要充分强调你为他们做了什么。从根本上讲，你的网络社群文化就是这样开始塑造的。如果你非常想给网络社群中的成员提供他们需要的东西，那么，当你开始从中获得价值的时候，你会觉得理所当然。"

网络社群本身可以让你深入了解你的受众及他们的需求如何随着时间的推移而改变，但在早期，哪怕只接触几位客户并和他们交谈，也是一种很好的做法。当你的受众群体规模较小时，没有什么比直接沟通更好的了。你还可以从支持团队和客户成功团队那里听到一些趣闻轶事。如今，Gainsight 已经不再是一家小公司了，但所有的高管每周依然会与众多客户直接交流。如果你想了解客户内心的想法，这种方法无可替代。

找到你的第一批代言人

在创建网络社群时，你能做的一件最有效的事情是开始接触你的这部分受众：他们对你所做的事情有着最大的热忱。这将帮助你吸引最早的一批代言人，他们会联合起来支持你的创造行动，并让你的具体行动发挥更大的作用。

柏尚风险投资公司合伙人塔里亚·戈德伯格解释说："你可以首先将目光瞄准少部分人，他们对你正在做的事情充满热情和兴趣。这是一个很好的办法，因为你不需要耗费太多的资源来做这件事。这些人是你的超级粉丝，当他们能够在一个平台和一个业务生态系统中相互沟通时，他们会感到心醉神迷。因此，首先从这里开始，然后这些人会变成你的品牌大使和网络社群领导者。你可以将这种做法推广到大多数初创公司——这是最有效的方法。"

在受众当前所在的网络社群中与其互动

你的客户很可能已经积极参与了一个或几个网络社群。这些网络社群可能是在 Slack 上的实践网络社群或独立的论坛，也可能只是一个社交网络，如微博。很多人至少每天都会登录一次微博。你可以采取一些小小的行动，直接到客户所在的网络社群和他们互动。确定你所在领域的思想领袖，深入了解他们所在的网络社群，加入他们的对话。

你还可以在这些网络社群中分享自己的观点，借此与你的追随者一起培育一种网络社群的感觉，让他们产生浓浓的网络社群的情谊。在 Gainsight 公司，领导团队经常在领英（LinkedIn）网站上分享他们的想法，这已经成为他们与全世界分享公司价值观和理念的一个重要方法，也是他们与许多客户和同行联系的一种途径。正如我们将在第 6 章中详细阐述的那样，以这种方式在社交媒体上借助他人的平台来培育网络社群，最终能达到的效果是有限的。尽管如此，这仍然不失为一个很好的开始，而且耗费的精力最少。

首先采取小举措，将客户聚在一起

为了培育网络社群的感觉，你可以首先从简单的小举措开始，把客户聚在一起。 inSided 公司在被 Gainsight 公司收购之前，还是一家位于荷兰阿姆斯特丹的小型初创公司，在这座充满生机与活力的城市的市中心拥有一间豪华的办公室。在忙碌的创业初期，尽管 inSided 公司从一开始就是一家网络社群平台供应商，但它并没有自己的网络社群。不过，这家公司的员工与客户之间在某种程度上都有一种超乎寻常的网络社群的感觉。inSided 公司早期干得很漂亮的一件事是创建了一个较小规模的网络社群。例如，高管团队花了大量时间与客户建立良好的人际关系。他们经常邀请客户到办公室来参加会议，进行社交聚会和聚餐。inSided 公司的第一家客户是 T-Mobile 公司。inSided 公司的网络社群的超级用户会来公司吃比萨，并加入 inSided 和 T-Mobile 团队的乘船游览活动。和如今相比，当时 inSided 平台的技术并不成熟，所以 inSided 公司团队会和客户组织创新实验室，以分享关于发展路线图的新闻，共同构思和优先考虑新的创意，互相联系和享受乐趣。这样的活动有助于减轻客户的挫败感，缩小产品的功能差距。更重要的是，它们营造了一种信任感，加强了双方的联系。我们早年的一位客户常常评价说，关于公司网络社群的文化及归属感，是当年 inSided 公司相对于其他竞争对手的一个"杀手级优势"，使 inSided 公司成为客户心中的首选合作对象。顺便说一句，这位特别的客户如今就在为我们工作，个中含义，不言自明。

无论你想做些什么来促进这类网络社群创建活动，最具影响力的事情都是，你的客户开始和你见面、交谈，加深对你的了解。我们的客户非常乐于互相分享和学习，在彼此熟悉之后，他们常常举办聚会。随着时间的推移，他们彼此成了朋友。这些经历促进了客户长期的忠诚度和代言，并且这种忠诚度和代言的意愿会在整个客户群中扩散开来。

客户会面的另一个例子是，Cvent 公司的首席营销官帕特里克·史密斯在疫情防控期间启动了远程在线会议这些活动。他说："我们借助 Zoom 软件召集了与网络社群成员的视频会议，而 Cvent 公司没有任何具体的议程。我们并不演示什么内容，只是将人们聚在一起发泄一下情绪，提些问题，聊聊天。我们是有组织地做这件事情的，每次都有 80～100 人参加，大家只是想问其他人一些问题，针对与行业相关的事情相互交流看法。令人惊讶的是，就这样将人们聚在一起，即使没有什么主题，也很有价值。甚至在采用虚拟方式会面时，仍然有许多人聊天，有时候这些聊天在很多方面甚至有治愈的作用。和别人分享观点非常重要。"

让整个组织从早期就开始发力

当你采取小而简单的方法发展壮大你的网络社群时，可以让组织中的所有人都参与进来。这会让你早期的目标更容易实现（因为有许多人愿意提供帮助），也是将聚焦客户和创建网络社群的思维模式深深地嵌入你的组织之中的一种好方法。例如，当你在办公室或虚拟会议中将客户

| CUSTOMER COMMUNITIES

聚集起来时，你可以邀请支持团队加入进来，客户也许曾经与这些人接触过（如打过电话），但在现实生活中并没有见过面。产品团队也可以加入，以探讨发展路线图或反馈主题。他们将更好地理解自己在为什么样的人制造产品，有机会直接听到客户对他们工作的反馈。客户成功团队很可能是你做出这些努力的"开路先锋"，即使不是，他们也可能因为自己在发起这类互动中所发挥的作用而感到兴奋。创始人团队和高管团队也在这类活动中扮演着重要的角色，他们可以熟悉、了解客户，从而让客户感觉到被重视、被倾听。

创造展示你的企业文化与价值观的体验

在法则 10 中，我们将更加深入地探讨企业文化和价值观。现在考虑这样一种情形：首次创建网络社群给了你一个绝佳的机会，可以让你定义并向受众分享你的企业文化与价值观。Salesforce 公司 Trailblazer 网络社群的创建者艾丽卡·库尔说："这件事我们从创建网络社群伊始就在做。正因如此，我认为，网络社群的初创者对它的未来发展很重要，因为初创者从一开始就影响了企业文化。"她补充道，"在网络社群创建初期，你拥有这样的机会：从今往后，你永远不会处于不可扩展的状态，而是将自己设置为可扩展的状态。所以，你一开始做的所有事情都十分特别。网络社群的初创者创建了特定的企业文化，打下了特定的基础，带来了特定的个性。"无论你最初采取什么样的措施，考虑清楚你举行的每次对话、组织的每场聚会，以及你在社交网站上发布的每条消息，它们为你创建的网络社群长期秉承的企业文化奠定了基础。

准备好进入创建网络社群的下一阶段

通过早期的努力，你将获得对客户的宝贵洞见，同时培育长期的品牌代言人和客户忠诚度。创建网络社群是一个自然演进的、不可扩展的阶段。在这一阶段，将有许多神奇而美妙的时刻，所以请最大限度地利用好它，并享受你创造的友谊与回忆。到了某个时刻，你会知道是时候进入下一阶段了，因为那一刻你明显地觉察到需要以一种更加可扩展和可持续的方式将网络社群的创建推入下一阶段。这并不意味着你必须放弃上文所提的小举措，你可以继续偶尔做一些深入研究并开展小规模的活动。但如果你想大规模地实现企业的价值，那是时候考虑进入下一阶段了。

到底什么时候转入下一阶段呢？当然，对每家企业来说，这个时间点是十分独特的。根据我们与数百家 B2B SaaS 企业的合作经验，当你获得了 50~200 位客户时，一般就要做好准备了。到那时，使用本章介绍的方法来维持与每位客户之间的密切关系并培养他们的归属感已经行不通了。你需要做好创建自己的网络社群并在自有平台上投资的准备。接下来我们将讨论该怎样做。

第6章

法则2：你必须拥有自己的平台

不再在借来的平台上与客户互动

第6章 法则2：你必须拥有自己的平台

我们在第 5 章讨论过，网络社群的意义十分重大。从通过视频电话与几个人简单地联系，到组织聚会和各种其他活动，你可以在线和他人建立连接。在创建网络社群的早期，你通常与一个较小的群体一起采取某些措施，并利用现有的网络社群与客户互动。这些措施是一个很好的开始，它们将在你的网络社群战略日趋成熟的每个阶段发挥作用。一般而言，通过这些努力，你通常可以在"借来的地盘"上与网络社群的成员互动。例如，你可以在微博、抖音等社交平台上与客户进行互动，而这些平台并不属于你。

然而，总有一天，你会准备好建设和培育自己用来与客户互动的空间。这可能包括线下的客户活动，如 Gainsight 公司一年一度的大会（我们将在法则 7 中对此进行更详细的介绍）。不过，本书着重介绍在自有的线上环境中创建大规模的网络社群。在本章，我们将解释这对我们意味着什么，以及我们为什么相信，当你为企业创建网络社群时，这是一种有效且长远的方法。

下面首先来看看与我们合作的企业在创建网络社群时一般会考虑的常见选择。

在社交平台上创建网络社群

"借来的地盘"的一个典型例子是类似脸谱这样的社交平台，特别是脸谱群组，它使免费创建网络社群或以最小的精力创建网络社群成为可能。这是一个很有吸引力的建议，因为它需要的前期投资很少，而且相对容易进行试验。和我们合作过的许多客户最初都是以这种方式启动网络社群建设的。

网络社群的进入壁垒很低：许多人在他们的移动设备上安装了脸谱应

用程序，界面既熟悉又直观，几乎人人都开通了账户，而且脸谱的实时通知功能可以增强用户黏性。所有这些都可以给最终用户带来一种积极的、省时省力的体验，具备提高用户互动频率的潜力。每个月都有18亿人使用1000万个可用的脸谱群组。

那么，以这种方式启动你的网络社群计划，真的是个好主意吗？我们提到过，最初我们可以十分省时省力地启动一个小型计划和实验。ServiceTitan公司的首席营销官克里斯·彼得罗斯说："我们创建过几个网络社群，其中一个是在脸谱上，我们不一定能够完全控制它，但我们在某种程度上可以进行内容审核。之后，我们拥有了自有平台。我们在自有的网络社群中增加了更多的功能和控制措施。如今，我们开始引导人们去往我们的自有平台。"

然而，在决定使用像脸谱这样的社交平台之前，还得考虑一些风险和担忧。一位哲人说过："如果你不为它买单，别人就会为它买单。"大家都知道，脸谱及大多数其他社交平台的绝大部分收入来自广告商。因此，你需要考虑使用这种平台的后果：在这种平台上，你（及你网络社群中的所有成员）本质上只是商品，而不是客户。

像推特和脸谱这样的公司每天都在想如何最大限度地提高广告收入，而且由于已经获得了非同凡响的关注度和影响力，它们面临很多争议。在过去几年，它们遭遇了侵犯用户隐私、持续存在的传播错误信息等问题。无论你的公司是否正直，秉承什么样的价值观，如果你的客户网络社群建立在像脸谱这样的基于广告的免费平台上，将不可避免地和任何与该平台及其发展方向相关的争议联系在一起。随着社交平台在不同地域和人口中的流行程度与互动频率不断变化，这类平台的最终命运很难预料。这意味着，把赌注押在一个平台之上，就得接受它对你的计划带来的真正风险，而且是长期的风险。

第6章 法则2：你必须拥有自己的平台

虽然脸谱群组中确实包含许多积极的用户体验，但是，你的公司对网络社群成员的体验几乎产生不了什么影响。你不可能根据用户的需求来定制网络社群。这方面的一个典型例子是如何自动生成内容提要。在脸谱等平台上，内容提要自动生成后，很快就会消失。这凸显了这类平台的另一个重要缺陷。这类平台极其强调即时互动的体验，但也导致有益的内容只有很短的生命周期。其结果呢？同样的问题被人反复提及，有益的内容却在不断丢失。作为网络社群主管，你几乎没有审查和监控内容的手段。这使你极有可能错过一些重要的对话。

在与脸谱之类的免费社交平台合作时，你是在一个固有的、不灵活的平台上工作，它不是为你的企业需求量身定制的。实际上，你没有选择来定制网络社群的特性和功能，也没有一个你可以影响的透明的路线图。此外，这类平台的功能可能在几乎没有人注意的情况下悄悄地改变。

和脸谱之类的平台合作的另一个主要担忧是，你不可能访问网络社群中所有的内容和数据。尽管有一些基本指标是可用的，但是，对于一些高级网络社群计划，要想优化客户的互动并证明其商业价值，还需要对网络社群有一定的洞察。但在这些平台上，对内容和数据的访问会受到限制，而且很大程度上它们是无效的。因此，要想在这类平台上审查和策划有价值的内容，几乎不可能。

和脸谱群组之类的平台合作，需要考虑的最后一点是，你实际上是在创建一个孤立的目的地，与客户的数字化旅程的其余部分脱节。当然，你可以在脸谱群组中包含某些交叉链接和推广，但网络社群与你的其他触点是分开的。你将无法优雅地将这种体验与其他触点整合起来。搜索引擎不会抓取网络社群中的内容，因此，只有那些主动访问网络社群的人才能找到这些内容。

关于这个话题，我们还可以说很多，但上面这些主题已经清晰地表

| CUSTOMER COMMUNITIES

明，我们为什么一般不建议在脸谱群组这样的平台上启动严肃的网络社群计划。

　　Eurail 公司是一个摆脱了脸谱群组平台的例子，尽管该公司当时已经拥有了一个非常活跃的群组。该公司网络社群主管南恩加·斯哈尔克韦克告诉我们："脸谱主要是为了展示最新的信息，而我们的网络社群需要一个专用的品牌化网络社群平台，以便成员们能以一种更有效和更高效的方式来相互支持，互通信息，并且互相鼓舞。这样做能使我们拥有自己的数据，长期维护我们的网络社群，并且在平台内部和外部都可以轻松地找到所有的信息。"

在协作平台上创建网络社群

　　如今，Slack 已经成为科技公司内部协作的领军平台，其用户体验（模块）极为普遍，可以说，使用这个平台已经成为数百万人每天都会做的一件值得信任而熟悉的事情。但也有越来越多的公司开始思考使用 Slack（或 Discord）网络社群到底是不是个好主意，以及它能不能成为更广泛的企业生态系统中的一部分，该系统包含一个自有的域内网络社群。有些公司则考虑将 Slack 作为其整个网络社群计划的核心。

　　Slack 平台体验的作用在于它可以推动（十分接近）实时的协作与互动。如果你想迅速得到某个问题的答案，或者想参与某场正在进行的对话，那么，Slack 平台是一个很好的地方。Slack 频道的分类通常是以一起工作的员工群体为核心形成的，这有助于推动员工协作，并让员工在远程的或全球分散的团队中萌生归属感。

　　那么，在 Slack 平台上创建网络社群，并且使之成为网络社群计划的核心，到底有没有可能？是的，这是可能的，我们已经见证了一些很有

第 6 章 法则 2：你必须拥有自己的平台

说服力的例子。在网络社群从业者的世界，CMX Slack 网络社群就是一个与其他行业专家联系的好地方。如果你的网络社群重在推动高水平的活动并且培育归属感，Slack 将是一个非常好的选择。

然而，如果你想在 Slack 平台上创建客户网络社群，该平台存在的一些重大的局限性值得你仔细考虑。

首先，Slack 平台上的内容结构比较凌乱。Slack 平台上的对话通常在以特定主题为中心的频道中进行。在单一频道内，这类对话将是一种无休止的讨论，通常在许多不同的主题之间跳跃。如果你每天都阅读所有的新闻帖子，就有可能跟得上这种结构凌乱的内容。但是，当客户浏览某个新的频道，或者在特定时间寻找某些特别的信息时，他们很可能会"迷路"。和脸谱群组相似，Slack 平台上的内容会被迅速"湮没"。这意味着，有益的内容并未得到应有的传播，而网络社群成员可能会反复提出同样的问题。

其次，和脸谱群组一样，Slack 网络社群在量身定制受众的体验方面选择有限。由于频道的功能性及其他有益的本地特性，某些级别的组织或许能在 Slack 平台上定制受众的体验。而你很大程度上使用的是 Slack 的默认界面，导致你优化体验的可能性很小。例如，你无法在讨论群组中突出有价值的内容，也无法将网络社群中的体验和其他数字触点整合起来。

最后，使用 Slack 平台，你会将所有内容都锁在孤立的筒仓之中。虽然 Slack 平台允许你构建智能的技术整合，但类似这样的平台有一个重大缺陷，使你无法通过技术整合来摆脱它：搜索引擎不会抓取网络社群中的内容。在 Slack 网络社群中，你不可能从长尾内容中获益。这意味着你将丢失大量有益的内容，并且和脸谱群组一样，同样的问题和主题会被再三提及。

正如我们前面阐述的那样，我们有很好的理由劝阻你，不要单独在

| CUSTOMER COMMUNITIES

Slack 平台上创建客户网络社群。然而，我们前面也提到过，不要低估这个平台在提供美妙的（接近）实时互动方面的好处。那么，考虑创建一个 Slack 网络社群，将其作为更广泛的互动生态系统的一部分，是绝对可行的。由于 Slack 平台上拥有大量整合后的内容，你可以很容易地使用这些内容，以在 Slack 频道中显示你的网络社群内容。

自有平台的优势

到现在为止，我们介绍了创建网络社群计划的两种技术选择，两者都存在一些隐忧，使我们在推荐它们作为网络社群计划的核心时心存犹豫。这些"借来的地盘"与自有平台是不同的。但这究竟意味着什么？

拥有一个平台，并不意味着需要从头开始构建和托管一个属于自己的平台。尽管在理论上这么做是可行的，有的科技公司也打算这么做，但大多数公司会为它们的网络社群计划选择企业 SaaS 平台，而不是从头开始构建。原因很简单：自己创建、托管和维护平台的总成本将不可避免地超过 SaaS 平台的服务购买成本。而且，在功能、安全性和长期稳定性等方面，一个卓越的 SaaS 平台的实际表现可能比你自己创建的平台优异得多。这些原因与大部分公司不想尝试创建和托管自己的客户关系管理平台的原因是一样的。

在 SaaS 领域，有许多可行的选择。因此，下面首先解构我们认为在下一代客户网络社群计划中不可或缺的主要功能，以继续定义我们所说的自有平台。

（1）它是你的在线生态系统中无缝衔接的一部分。触点的碎片化（我们将在第 8 章更加详尽地阐述这一概念）是许多 B2B SaaS 公司面临的一个主要挑战。在制订网络社群计划时，我们最不想看到的是制造另一种断裂的、孤立的体验。相反，我们认为，对网络社群而言，重要的是成为线上体验中无缝衔接的一部分。在实际中，这通常意味着网络社群与主网站共享一个（子）域名，拥有一致的设计和用户体验，并且在网站和产品之间实现完全的整合。随着网络社群的发展，你可以通过搜索引擎吸引流量，这些流量将流向网站的其他部分，如市场营销页面或产品页面。

（2）你可以为受众定制个性化体验。每家公司、每款产品、每位受众都是独一无二的，因此，重要的是能够量身定制，并且针对你的独特情形为受众定制个性化体验。例如，优化网络社群页面的布局，以便反映单个客户生命周期中的各个阶段，这一功能极其可贵；具有足够的灵活性来突出显示最近的和有趣的特定内容；在页面上自动显示与访问者或成员细分相关的内容，这将从根本上提高网络社群成员的互动水平。事实上，自有平台将为你提供近乎无限的选择，你可以根据客户健康、客户旅程或客户生命周期中的不同阶段，或者利用客户成功系统或客户关系管理系统中可用的其他账户数据，优化客户的体验。

（3）内容结构有序且容易找到。在第 3 章，我们讨论了 20 世纪 90 年代 BBS 和论坛中网络社群的历史根源，以及它们如何随着其他社交和互动平台一同发展。一般而言，自有的网络社群平台与传统的论坛有几个明显的共同特点：其内容结构有序且容易找到。在 Slack 之类的平台上，各个频道无休止地滚动，而在脸谱的内容提要中，内容显示一次之后就消失不见。但自有平台与之相反，其内容通常以"主题"或"文章"的形式创建，有明确的主题行或文章标题，用于概述内容和后续的讨论。内容的下方可能是许多回复。以这种方式来安排内容的一个极大的好处是，网络社群中的其他成员能够有效地搜索、寻找、跟帖，并且阅读与他们相关的讨论。内容可查找性的提高意味着有用的内容往往有着极大的长尾效益，可能在很长一段时期内，有成千上万名其他成员阅读。再加上这样一个事实：大部分自有网络社群至少部分地对搜索引擎（或人工智能）的内容抓取保持开放，这使自有网络社群平台成为内容创作的强力推动者，也成为灵感突出、颇有裨益的内容的卓越储存库。

（4）内容类型丰富且趣味性强。许多功能只有自有网络社群平台才能提供，其中重要的一点是，自有网络社群平台内容的类型有可能远远胜于在其他平台上发现的那种简单而统一的基于文本的类型。例如，自有网络社群平台可能拥有成员们能够进行投票的"创意"部分，或者可以创造突出虚拟时刻或亲身参与时刻的"活动"。你可以为公司创作最吸人眼球的内容和撰写"文章"，或者推出展示产品新特性和新版本的"产品更新"。总体来讲，这意味着在创造用户体验方面，自有网络社群平台的灵活性更大，能够根据受众的需求调整功能，这是 Slack 等平台无法做到的。

（5）你可以访问所有的数据和内容。拥有了自有平台，你可以不限次数地访问所有数据和内容。你能够访问更深入的数据和网络社群成员对你的计划的见解，从而理解和优化网络社群的功能，并衡量其商业价值（这一点将在法则 9 中详细介绍）。由于你拥有这些数据，你将有无限的选择来充分利用网络社群中的所有内容。

（6）你可以将它与你的技术栈整合起来。自有网络社群平台将给你提供大量的选择，使你能将该平台与你的技术栈整合起来，成为后者一个无缝衔接的部分。这意味着与你的客户关系管理平台（如 Salesforce）、客户成功平台（如 Gainsight）和商业智能平台（如 Tableau）进行整合，以便精准地、全方位地掌握客户的动态及他们在网络社群中的活动。这还可能意味着与你的工单和帮助后台系统（如 Zendesk）进行整合，以支持来自网络社群的联合搜索和工单升级。同时，使用应用程序编程接口和 Zapier 等现代低代码[①]工具，你可以轻松地创建定制的整合内容。这将确保网络社群计划为客户和员工提供无缝的体验，而不是变成一个数据与内容的孤岛。

Involve.ai 公司客户情报战略家和董事会顾问、《流失，再见！增长，你好！》(*Goodbye，Churn. Hello，Growth!*) 一书的作者玛丽·波彭意识到了这些挑战。她说："你可以在领英上创建网络社群。你可以拥有一个脸谱网页、Instagram 网页或推特网页。没错，你也可以用这些工具来完成网络社群的创建，但你得管理它们，因为这些工具是互相独立的。那么，你如何集中管理这些工具并将它们全都综合起来呢？这真的很难。我觉得，自有网络社群平台好比一块跳板。它是所有思想领导力、创意、知识和产品信息的集散地，所有的内容都可以自由地流入和流出。例如，我们的客户学习平台与网络社群完全整合，提供了不可思议的无缝的客户体验。我们能够通过一个集中的网络社群平台简化和追踪所有的东西。所以，对我来说，我觉得要想真正从战略高度制定网络社群战略，平台必不可少。我这里并没有过度使用'战略'这个词。如果没有平台，我觉得非常难以管理各种内容，而且你得到的信息都是孤立的。我认为这样的客户体验更加不稳定。"

小结

到目前为止，我们讨论了如何利用诸多方法（从小举措开始）来启动你早期的网络社群创建计划。我们还论证了，为了制订一个可扩展

[①] 低代码是一种软件开发方法，通过使用图形界面和预构建模块，减少手动编写代码的需求，从而加快应用程序的开发速度。——译者注

的、有效的客户网络社群计划，你需要建设一个自有网络社群平台。如我们所说的那样，和最常见的选择相比，自有网络社群平台可以带来很多好处。通过选择企业级自有网络社群平台，你将能够真正掌控客户的体验，并为他们创造和提供一些经过深度优化的东西。在第 7 章，我们将阐述如何将你的平台战略与客户旅程联系起来。

第7章

法则3：网络社群应当成为客户旅程的核心

大规模激发客户并与之互动

在前面几章，我们研究了如何利用网络社群为你的企业做贡献，阐明了为什么你需要尽早启动网络社群计划。我们还解释了为什么创建网络社群最宝贵的方法是拥有自己的平台。在本章，我们将以此为基础，解释网络社群如何成为客户旅程的核心。

所谓"客户旅程的核心"，指的是在合适的时间和地点，向客户提供宝贵的内容并与之互动。网络社群是一个战略平台，它在一个单一的目的地集中了与终端用户相关的所有内容和互动。但这并不意味着你要把网络社群作为一个单独的目的地，用一段单独的客户旅程来吸引客户。相反，集中的内容应当与你预先存在的客户旅程谨慎地交织在一起，以提升客户体验。这一点要从战略高度来考虑。网络社群不应孤立地存在，而应在多个节点将其嵌入你的产品或服务之中，尤其是在客户可能需要额外指导或支持的领域。在深入研究网络社群和客户旅程之前，让我们首先阐述客户旅程是什么。

客户生命周期和客户旅程

客户与你的企业的关系通常被称为一段旅程。无论是过去 10 年一直追随你的客户，还是刚刚签约的客户，这段旅程都因你们之间的关系所处的阶段不同而不同。

由于网络社群是你的长期发展战略的重要组成部分，而不仅是一时的营销活动，所以随着时间的推移，它可以在客户体验旅程中发挥长期的作用。它有助于客户自身的发展和繁荣，也可以用来快速增加那些热情满满且经常互动的客户人数。

客户旅程的概念有许多不同的定义、形态和形式。在理想情况下，客户旅程涵盖从售前到售后的各个阶段，因为它对客户来说应当是一次

第7章 法则3：网络社群应当成为客户旅程的核心

流畅的体验。

客户生命周期与客户旅程之间有一个重要区别，但许多人常常误认为两者是一回事。客户生命周期是管理客户的整个过程，它描述了客户在购买你的产品或服务之前、之中及之后所经历的各个不同的阶段。正如克劳迪娅·伊姆霍夫及其同事所写的那样：

> 客户生命周期的目的是定义和表达客户在考虑、购买和使用产品时经历的各个阶段，以及公司用来在客户生命周期中推动客户的相关业务流程。

客户生命周期通过衡量每个阶段的结果来追踪各个时期的企业绩效。它是一种由内向外的描述。客户生命周期可以被描绘成一个圆圈、一条时间线、一个漏斗、一个领结，或者一个无限循环。我们在本书中力求简化，将其视为一个圆圈。客户生命周期通常被定义为 5~8 个阶段，它们的名称各不相同。在 B2B 环境下，它一般被定义为 5 个阶段。

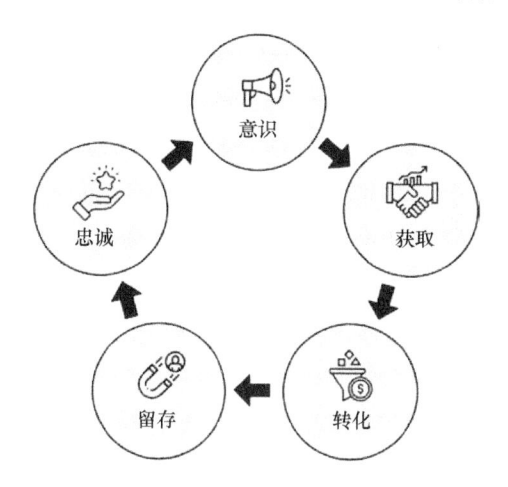

（1）意识。意识（也称"接触"或"发现"）是客户生命周期的第一个阶段。在这一阶段，你的客户（潜在客户）意识到他们有一个问题想解

决。在这个阶段，你希望客户了解你的解决方案和品牌。

（2）获取。在获取阶段，你已经进入潜在客户的"扫描"范围，你希望开始和他们互动，并将他们转化为潜在的买家。

（3）转化。在转化阶段，你转化潜在客户并向其销售产品。这是售前最明显的阶段，销售团队的大部分精力都花在这个阶段。

（4）留存。在最初的销售工作完成之后，开始进入留存阶段。在这一阶段，新客户一般被转交给客户成功团队。

（5）忠诚。忠诚是最后一个阶段。在理想情况下，你获取的每位客户都会来到这一阶段。在这一阶段，客户不仅对你的产品满意，而且会热情地为你的产品代言。

定义了这些阶段之后，让我们再花一点时间深入地研究一下留存阶段。正如我们在《客户成功：减少流失、增加复购的秘密》一书中解释的那样，对 SaaS 公司来讲，留存阶段至关重要。在这里，必须将前 3 个阶段的承诺和期望转化成客户能够感知的体验与价值。客户生命周期明显是从交易经济发展而来的，在这种经济下，售前阶段长于售后阶段。然而，对 SaaS 公司来讲，在订阅经济下，售后阶段应当比售前阶段更长，以创造可持续的业务。因此，留存阶段可以分为 4 个子阶段，分别是引入、采用、培育和续约/增长。我们在阐述如何将网络社群作为客户旅程的核心时，将更深入地探讨这些子阶段。

定义你期望的客户旅程的旅程图

正如前文所述，客户生命周期是对公司期望客户经历的各个步骤由内向外的描述。而客户旅程描述了客户与公司、产品或服务之间的连续步骤和交互的路径。它是由外向内的，并且远没有客户生命周期那么直接和可预测。事实上，可以说，每位客户的旅程都是独特的。即使你创办了一家只在线上开展业务的公司，只有一个网站，只使用标准化的电子邮件，每位客户的体验也会不同。他们经由不同的路径找到你的网站，有着不同的背景和期望，在不同的地点和时间，面临的干扰和所处的环境也不同。在 B2B 背景下，我们说的客户到底是什么？是公司吗？还是公司内的某位员工？

为了回答这一难题，我们制作了旅程图。它将期望客户采用的且预先确定的路径用图形表示出来。旅程图将由外向内的客户体验与由内向外的客户生命周期联系起来。这是一种已被实践证明的方法，由奇普·贝尔和罗恩·泽姆克于 1985 年发明。他们为一家大型科技公司制作了一张旅程图。当时，该公司收到的投诉电话超过了正常水平。他们想找出其中的原因，并研究解决办法。那时候，手机还没有诞生，人们用座机联系他人，Gainsight PX 或 Datadog 等监控产品也尚未出现。

大多数公司会针对不同的客户群体制作不同的旅程图。对于每张旅程图，你需要定义客户生命周期的各个阶段。在旅程图中，你可以考虑不同的角色，如首席运营官和决策者、管理员、超级用户，以及最终用户。在旅程图中应当突出重要的里程碑和关键时刻。当客户在重要的结果上投入了许多感情时，他们会进行有针对性的互动。当"顿悟时刻"到来时，客户们会说："现在我明白了我为什么要投资/购买你的产品，并且信任你的公司。"最后需要记住一点：旅程图不是一成不变的。你应当持续追踪观察和优化旅程图。

处于客户旅程核心的网络社群

现在，我们已经解释了客户生命周期、客户旅程及旅程图，是时候深入探讨网络社群在客户旅程中扮演的角色了。

在客户旅程的多个阶段，网络社群不但能够改善客户体验，而且不需要企业的各个团队出手干预。

然而，需要明确的一点是，仅拥有一个客户网络社群并不能为你赢得价值数百万美元的订单。它不会确保你的客户每年都与你续约，不能让你避免面对客户时可能遇到的所有风险。不过，如果能正确地利用客户网络社群的话，它可以帮助你提升客户体验，为客户提供有意义的资源，借此确保他们从你的产品中获得价值，并继续与你合作。网络社群可以大规模地实现这一点，而且不需要与客户进行一对一互动。

作为概念的网络社群与作为内容和互动的网络社群

在我们更深入地阐述之前，有必要先让你了解将网络社群作为一个概念整合到你的客户旅程中与整合网络社群内容和互动两者之间的差别。当我们提到网络社群的概念时，并不会像前面几章那样讨论网络社群的定义，而是更多地讨论如何吸引成员并激活网络社群。从长远来看，这对于发展网络社群、为客户提供洞见和培养归属感是宝贵而必要的。但这并不会为客户带来即时的价值。

正如我们此前解释的那样，制作旅程图的目的是定义你期望客户采用的路径。例如，在引入阶段，你希望客户拿到并运行产品，并且希望他们了解产品。如果他们同步成为网络社群中的活跃成员，那就太好了。但这并不是这一阶段的主要目标，也绝不应当是将网络社群作为客户旅程核心的主要目标。

让我们通过一个例子来清楚地说明这一点。假设你是某公司销售部门的负责人，刚刚从一家公司购买了一套新的客户关系管理工具。你收到一封该公司的电子邮件，邮件内容是："我们有一个很好的网络社群，拥有超过 2000 名成员，你可以在里面找到大量关于我们产品的信息。请现在就注册吧。"这封电子邮件就是将网络社群作为一个概念在推广。邮件内容也可以是："在安装客户关系管理工具以确保长期成功之前，有 5 件事情需要您做决定。"邮件内容还可以是："看看其他公司是如何在每周销售例会上使用我们的仪表盘工具来提高渠道转化率的。"后面这两封邮件就是在推广网络社群的内容和互动。我们希望这个例子能够清楚地说明，与将网络社群作为一个概念加以推广相比，推广网络社群的内容和互动能够带来更加直接的价值。如果做得好，这种做法能够最大限度地激活网络社群。

在将网络社群带入客户旅程的核心时，起点应当始终是："对客户来说，这里面有什么？你试图给客户提供什么样的额外价值？这将在他们的客户旅程中怎样影响他们的体验？"这些问题应当能够影响网络社群的设计和构造，以及你打算创作的任何内容。整合网络社群内容和互动的用例在客户旅程的不同阶段各不相同。

还需要明确的一点是，和你已经在现有组织中使用的、已经由营销团队定义的内容相比，你绝不能创建单独的网络社群旅程和人物角色。我们见证过许多网络社群团队创建了一组单独的人物角色。绝不能将网络社群视为针对不同用户或目的（对于你所在的组织而言）而建立的筒仓。

客户旅程的各个阶段

我们在前文提到过，可以采用几种不同的方法定义客户生命周期。

出于本书的目的，我们将它定义为 5 个阶段：意识、获取、转化、留存和忠诚。我们还进一步将留存阶段分解成引入、采用、培育、续约/增长 5 个子阶段。

由于客户网络社群最初重点关注现有客户，因此我们首先深入探讨售后的各个阶段，并在最后解释网络社群如何为售前的各个阶段做贡献。

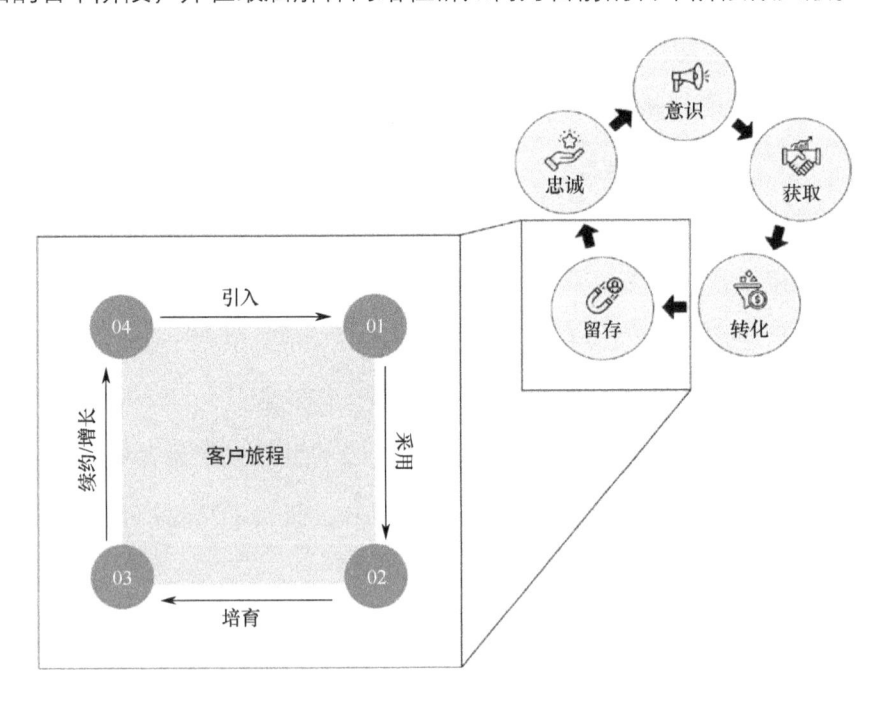

引入

一旦客户在合同上签了名并完成了所有的合同文书工作，客户就进入了引入阶段。引入阶段可能是最重要的售后阶段，它为旅程的其他部分定下了基调。当客户开始使用你的产品时，他们会感到兴奋和激动。客户也可能在一开始感到焦虑，因为在引入阶段，有太多的未知因素，还有额外的工作要做。在这个阶段，你要向客户表明你的公司会帮助他们，激发他们，帮助他们正确地设置好一切，同时确保他们了解需要了

第 7 章 法则 3：网络社群应当成为客户旅程的核心

解的关于你的产品的方方面面。

在引入阶段，客户希望将你的产品融入他们的日常工作，甚至在技术上将你的产品与其他工具和数据进行整合。随着客户开始这一过程，网络社群可以作为一个参考的站点，告诉客户如何完成一些技术性更强的初始设置和配置。在你撰写并分享网络社群指南后，如果客户还有其他问题，可以利用你的评论区创建一个学习的闭环，这不仅可以帮助其他客户，还可以帮助网络社群团队持续优化和添加内容。例如，在 Gainsight 公司，我们使用 Zapier 进行整合，并在我们的网络社群中发布了一篇文章。当你在 Gainsight 管理环境下进行整合时，可以轻松地找到这篇文章。最终，这篇文章被阅读了近 2000 次。在这篇文章的相关回应中，客户提出了一些问题，如怎样通过 Zapier 与 Asana 进行整合，如何获取应用程序编程接口的密钥，以及许多其他相关的问题。客户们得到了答案，而这些文章自此之后不断更新，以包含更多的信息，为未来的阅读者回答问题。

在引入阶段，通过网络社群进行讨论的好处多到令人不可思议。鼓励最近引入的客户注册并参与和他人的圆桌讨论，有助于将大家共同面临的挑战和困难摆在桌面上，使你的团队了解需要在哪些关键领域集中资源，以更好地支持客户。毕竟，你所有的客户累加起来，可能比你还了解你的产品及如何使用它。

在整个引入阶段，可以采用多种不同的方式提供网络社群的内容。你可以写一封邮件，把内容呈现给客户，欢迎他们购买你的产品，并邀请他们探索网络社群中的资源。你可能还会发现，使用应用程序内的清单或弹出式链接提供登录提示也是很有帮助的，这些链接可以将客户引导至产品或服务的多个点的网络社群内容。这样做不仅可以向客户确认网络社群是一项至关重要的资源，而且有助于客户在他们需要的时候从

| CUSTOMER COMMUNITIES

网络社群中获得正确的信息，而不必联系你公司的团队成员。

采用

引入阶段的下一个阶段是采用。在这一阶段，客户开始使用你的产品，使其成为他们日常工作的一部分。在这一阶段，客户渴望感到放心，感到有人支持，虽然这种体验通常不像他们在引入阶段所感受到的那样强烈。

在这一阶段，将网络社群作为一种概念加以宣传推广是很有价值的。你可以温和地和客户分享加入网络社群的好处。要让客户感到受欢迎，并保持这种势头，鼓励他们参加一些活动。例如，在你的客户网络社群中举行圆桌讨论或网上聚会，可能是让客户开始互动的一种绝好方式。

在这一阶段，有时候客户可能并不知道他们应当或可以使用产品的哪些功能。或许他们已经改变了发展方向，甚至扩展了业务部署，以包含更大的业务范围。通过充分利用你的产品或服务分析工具中现有的数据，你可以了解客户对产品或服务采用的深度和广度，然后运用这些数据来创建定制消息，这些消息指向相关的网络社群内容和活动。这种做法不仅可以为客户提供他们需要的正确指导，而且可以确保你的产品或服务正在努力使客户的生活变得更轻松。例如，假设某位客户还没有采用你的移动 App。在这种情况下，向他发送一封电子邮件解释这款 App 的好处，再加上网络社群中的一些讨论、案例研究、操作指南等，可以快速为他们提供可量化的结果，这时候他们就会意识到这款 App 的价值，投资回报也会增加。

在你的产品或服务中，甚至可能存在一个设置或配置选项的用例，而这通常被客户忽略了。它是某种特性或功能，你的客户可以从中获得巨大的益处，但通常情况下需要你的客户成功团队和支持团队指导他们如何使用该用例。通过充分运用 App 中的消息发送和电子邮件通知等功能，你可以为客户量身定制一条消息，将他们引导至网络社群的帖子或案例研究，告诉他们做出改变的好处及如何获得这种好处。

培育

当客户使用你的产品或服务一段时间后，会遇到几个有意义的里程碑，如创建了一些文档、使用某个功能或工具进行了互动、完成了一些交易。当他们来到了这些时刻，通常称他们进入了培育阶段。你可以将这看成"像往常一样做生意"。在这一阶段，你通常能够找到你的长期客户，因为他们十分了解你的产品或服务——在大多数情况下，他们已经非常熟悉了。

处于培育阶段的客户往往在其旅程中面临以下一些挑战。

（1）客户需要讨论一个战术问题。

（2）你的主要联系人离职了，其职位由新的用户、管理员或决策者接替。

（3）你的产品或服务中的某些东西改变了。

（4）客户的需求或要求改变了。

充分利用强大的网络社群的力量，可以轻松应对上述挑战。

让我们从以上 4 个挑战中的第一个开始。这种情形很常见：客户上周五下午打电话给你，你们进行了一次富有成效的谈话，但到了周一早上，你和客户不但忘记了上周五你们说了些什么，还忘记了你的产品或服务需要做些什么来完成客户的特定操作或满足客户的要求。因此，在和客户打完电话后，向其发送一封电子邮件，附上书面指南或教程的链接（这些资料全都托管在你的网络社群中），是分享资源、吸引访问量并

| CUSTOMER COMMUNITIES

使谈话继续下去的一个好办法。客户可以在指南或教程下方留下评论或提出问题，而你在周一回到公司时，可能发现另一位曾经面临类似挑战的客户已经回答了这个问题。

特别是对于运用数字引领战略的客户，你的网络社群可以为其提供一个个性化的可扩展渠道。客户可以搜索他们所提问题的答案，如果你将网络社群整合得很好，他们可以直接在你的产品中进行搜索。另外，他们可以通过你的支持页面或知识库找到答案。使用联合搜索，你可以确保让客户在一次搜索中找到来自不同出处的所有相关内容。例如，Unqork 是一家提供无代码应用程序平台的公司，其将网络社群联合搜索与学习管理系统、内容管理系统及市场整合起来。我们此前提到过，即使客户不知道到哪里搜索答案，不会使用搜索引擎来查询他们的问题，也能在网络社群中找到问题的答案。

你知道吗？在网络社群的流量中，有 30%～70%来自谷歌。在网络社群中，人们可以直接提出问题，或者在现有的内容上提出后续问题。

如果你的主要联系人离开了你客户的组织，采用一种类似的方法可能是有益之举。当你完成了最初的介绍后，可以邀请新的联系人通过参加圆桌会议和网络社群讨论而加入其他客户群体。这将帮助他们感觉自己是你的网络社群的一部分，让他们迈出第一步，并且了解其他企业如何从你的产品或服务中受益。实践证明，这种方法对各种规模的企业来讲都极为有效。你还可以使用我们在引入阶段和采用阶段提到的流程。因为当你在引入客户企业和新的联系人时，就掌握了一些数据。你可以创建一条定制化路径，以向客户提供资源并将其引导到圆桌会议和网络社群讨论中。

网络社群在指导客户适应变更方面可能是有益的。毕竟，人类在适应变更的过程中总会遇到困难。每当变更出现时，人们都很难适应，会

第7章 法则3：网络社群应当成为客户旅程的核心

继续按照之前的方式工作，不能适应新的工作方式。为了帮助人们应对这些挑战，许多书籍和主题专家特别关注变更管理及如何适应变更以应对这一挑战。事实上，网络社群的作用远不止于此。但出于本书的目的，让我们将关注的焦点缩窄一些，重点关注网络社群如何帮助客户应对变更的挑战。

无论何时，当你的产品或服务的某个部分更新或改变时，你应当事先在网络社群中发布相关信息。这不仅可以帮助你提前了解变革管理过程，还可以在变更发生后，将其用作参考。例如，假设你将一个常用的"新项目"按钮从一个菜单移动到另一个菜单。在显示菜单时，你可以向客户显示一个提示，并提问："您想创建一个新项目吗？该按钮现在已移至……"或者"点击这里，可以更详细地了解这次变更。"采用这种方法，你不仅将变更告知了客户，还向客户解释了变更的原因，让客户有机会借助网络社群的力量，和其他客户及你的产品团队共同探讨该变更。通过提供定期的产品更新文章，客户可能会对这种更新感兴趣，受到鼓舞去尝试新事物，并且看到你的产品和产品开发团队为他们带来的持续优化。

最后，最艰难的挑战是客户的需求和要求发生了改变。一般而言，你可以在对话时发现这种改变，无论你们的对话是例行的会议，还是应客户的要求安排的电话访问。这时，你处在守势，因此你要努力把握对话的方向，将其从客户不再需要你的产品或服务转向如何以不同的方式使用它们，以满足客户的新需求。

在与客户对话时，你可能发现最好的方法是讲故事。采用这种方法，客户会感到你不仅倾听了他们的新需求或新要求，而且你曾与其他客户面临过同样的挑战，并能把这一经历摆到桌面上。另一个好方法是与现有客户创建案例研究，并在客户网络社群中分享它们，从而让其他客户参与讨论。也许他们也面临类似的挑战。

在解决所有这些挑战的过程中，有几种方法可以帮助你将流量引向你的网络社群，并帮助你的客户提前做好准备。正如我们所讨论的，关键是在正确的时间提供正确的信息。例如，如果你发现众多客户要求你提供基准数据，告诉他们在一年的某些特定时刻应当怎样充分利用你的产品，那么你为什么不事先提供这些基准数据呢？将客户引导到网络社群，每月、每季度、每年或每两年举行一次基准测试，可能是开始与客户对话的好方法。

在采用上述方法的消费者企业中，一个很好的例子是 Spotify。每年年底，这家公司都会举办"年度回顾"活动，该活动提供了一些统计数据，如用户最常听哪些艺术家的音乐、最喜欢的音乐及音乐类型。这是一种很好的营销策略，因为它可以让用户通过社交媒体分享他们一年来取得的成果。就 B2B 企业而言，提供类似的体验也许不那么令人兴奋，客户也不会在他们的社交平台上分享这些信息。但是，客户可能会在他们的下一次董事会上展示这些信息，以帮助证明你的产品或服务给他们公司带来了价值。

在保持自动化体验的同时，还可以在培育阶段从自动化的角度探索一些额外的途径，以促进客户对网络社群的采用。我们建议将客户对新创意的请求包含在下一次产品发布之中。在提出类似创意的客户列表中创建通知，并进行投票/评论，可以很好地向客户展示网络社群如何提供价值。

续约/增长

客户旅程的最后一个阶段是续约/增长。这个阶段有时候很奇怪，因为它有几个不同的"通配符"元素。例如，作为增长阶段的一部分，你可能需要客户重新进入引入阶段。或者，作为续约阶段的一部分，你的客户或许已经不再是客户旅程中的一分子。拥有一个卓越的网络社群来支持你的团队，可以减少摩擦，提升客户体验。

以推销某个增长机会为例。这可能是你中期拓展的一部分，甚至是客户合约到期后的续签。当你与最终客户进行这些讨论时，客户通常会问："这款产品/这项服务/这个功能如何使我们受益？"你可以向他们提供一个链接，客户打开链接后，不但可以阅读案例研究（通常托管在你的网站上），而且可以访问你的客户网络社群。在那里，客户可以提问并阅读关于现有客户体验的文章。

这些对话对于那些针对即将制定的路线图提出了功能请求的客户也十分有益，或者在你的客户网络社群中可能很受欢迎。将客户与网络社群连接起来，可以显示客户对特定功能的需求，也可以彰显这种特殊需求在你心中所占的分量，还可以表明你的产品团队正在和客户互动，积极审阅来自客户网络社群的反馈。这不仅可以推动客户更多地使用你的网络社群，而且可以让你与客户建立一定程度的信任与和谐，当他们需要提出功能请求时，会感到放心，觉得自己受到保护。当客户发现他们请求的功能得到兑现，并且产品经理感谢他们提供了很好的反馈时，你觉得会发生什么？他们极有可能十分高兴，并进入忠诚阶段。

忠诚

前文阐述了留存阶段的 4 个子阶段，让我们先用片刻时间介绍客户生命周期的最后一个阶段：忠诚。忠诚和网络社群可谓"手牵手"，因为网络社群中的超级客户是最忠诚的客户。毕竟，如果客户不喜欢某款产

| CUSTOMER COMMUNITIES

品或某家公司的话，为什么要花那么多的精力待在对方的网络社群之中呢？如果客户不喜欢，他们有可能短时间内待一会儿，但一般来讲，他们不会在网络社群中扮演十分活跃的角色，除非他们真正关心如何帮助你改进产品或服务。

到了忠诚阶段，有趣的事情真正开始了。人人都知道净推荐值问题："你向朋友或同事推荐这家公司或这款产品的可能性有多大？"这是一个显示可能性的理论问题，不是一个显示行动的问题。在网络社群中，推荐就是要付诸行动。你的超级客户将定期宣传你的公司，推广你的产品，有时甚至每天都这样做。每张帖子都将展示他们的互动，凸显他们的专长。通常情况下，大多数超级客户发帖的内容占所有网络社群内容的 20%。这是一个促进人们积极参与网络社群的正向循环。没错，他们偶尔也会提出批评，但如果你能正确对待的话，这种批评只会增强网络社群的凝聚力。这就好比你和好朋友之间的关系，当你们解决了某些小摩擦之后，友谊会变得更加牢固。

为了吸引和发展超级客户，你需要经常创建特别的项目。例如，Veeam 公司有一个强大的项目，称为"Veeam 传奇"。卡欣妮亚·兹维列娃和里克·万诺弗带头创建了这个项目。他们在网络社群中这样解释：

> "Veeam 传奇"成员是 Veeam 公司的用户与数据保护行业专家，他们对技术和创新充满热情，渴望进一步发展自己的职业，同时在网络社群上分享他们的经验。热心的"Veeam 传奇"成员参与各种各样的网络社群项目，推动本地 Veeam 用户群组的发展，并且可以影响 Veeam 产品的改进和解决方案的完善——他们在网络社群中具有真正的影响力。除了这些，"Veeam 传奇"

成员乐于帮助同行，并且和其他网络社群的成员保持联系。

你只能通过邀请才能成为"Veeam 传奇"中的一员。为了获得邀请，你必须在"Veeam 传奇"成员的网络社群中积极地参与，获得的回报是分数和徽章。

当你成为"Veeam 传奇"中的一员时，便可以加入一个私人群组，参与特定的 Beta 测试项目，与产品团队直接互动，还能获得一些奖励。此外，值得一提的是，Veeam 公司每周都会进行很棒的网络社群总结。这是一段 10～30 分钟的视频更新，网络社群团队在其中突出展示一些有价值的活动和内容，并感谢投稿者。在我们撰写本书的时候，该公司已经发布了超过 100 份网络社群总结，每份总结都有许多人观看并评论。

售前

当你在脑海中构思了售后阶段的网络社群之后，花点时间退后一步，想想它可能会怎样影响你的售前阶段，是一个很好的做法。网络社群通常只被视为售前阶段的一个卖点——市场营销团队与客户讨论，并将其作为一个独特的价值主张加以推广，以帮助改善客户体验。然而，如果利用得当，它的作用可能远不止于此。

在客户旅程的每个售前阶段（意识阶段、获取阶段和转化阶段），网络社群都可以为你和客户（潜在客户）提供价值。一开始创建认知可能具有挑战性。大多数现有客户通过线上搜索、链接及外部媒介（如领英等）发布的内容片段来找到网络社群的内容。这会将你的品牌和解决方案在适当的时候带给他们，并附上类似"经我们的客户网络社群认可"的标志。

当你的销售团队与潜在客户交谈时，应当将网络社群作为这样一种手段来宣传：展示最新发布的功能和客户案例研究，提供现有客户积极参与对话、用例分享及功能请求的证据。

在整个售前阶段，有大量内容可以提供价值。这些内容在客户旅程的其他阶段也能提供卓越的价值。分享客户案例研究是代言网络社群、提高网络社群知名度、吸引访问者注册的很好方法。它还会让你的网络社群成为真相的来源，让客户和潜在客户能够在评论区讨论案例研究并提出问题。

充分利用整合的操作指南有很多好处，这些指南通常会在后续阶段用到，如在引入阶段。大多数潜在客户通常会请求更多的信息，如关于哪些整合是可用的，以及能不能分享技术文档等。这使他们的技术团队或开发团队在做出任何承诺并与你的技术团队或销售团队会面之前，先审查并确认这些信息是否符合他们的期望。

当然，不能忘记功能请求，这是一种有组织地发展壮大你的产品的绝好方式。功能请求是指随着某项功能从构思、设计到最终完成，客户对其提出的直接反馈。如果你的潜在客户在与你对话期间提出了一项功能请求，那么你可以鼓励他们在网络社群中发帖，并让其他现有客户表达他们的支持。

从有价值的内容开始

我们在本章的开头讨论过处于客户旅程核心的网络社群，这意味着在正确的时间、正确的地点，为客户提供有价值的内容和互动。我们解释了为什么应当将网络社群融入客户旅程之中，并且分享了关于如何做的一些点子。

第 7 章 法则 3：网络社群应当成为客户旅程的核心

	引入	采用	培育	续约/增长	忠诚	售前
目标	通过使用产品和培训客户来展示网络社群的初始价值	成为客户日常活动和运营中不可或缺的一部分	继续"像往常一样做生意"	留住老客户，增加新客户	把客户变成分享成功故事的代言人	利用内容和代言来转化新客户
网络社群整合	整合文章；在电子邮件中提供产品使用提示和技巧；新的客户/用户群组和培训	客户圆桌会议；客户用例；突出产品未被充分利用的特性和功能；产品反馈	自助服务内容；常见问题解答；产品更新；新用户培训；客户案例研究与基准	案例研究；功能请求；路线图更新；客户挑战讨论	超级用户项目；忠诚计划；私人群组；Beta测试计划	案例研究；参考；聚会；评审；提供能够增加潜在客户的知识并赢得他们的信任的内容

但是，该如何创作有价值的内容呢？这是第 8 章的主题。

第8章

法则 4：创作具有教育意义的、鼓舞人心的内容

尽可能做优秀的思想领袖

第 8 章 法则 4：创作具有教育意义的、鼓舞人心的内容

在第 7 章，我们讨论了网络社群在整个客户旅程中有多么重要。要让它在客户眼中变得重要，你必须拥有一个至关重要的要素，那就是内容。活跃的、有吸引力的网络社群，毫无疑问会创作大量用户生成的内容，因为成员之间会互相提问、联系并分享知识。但是，你自己在内容创作方面也有重要的机会，并发挥着重要的作用。

我们讨论过，网络社群中聚集了一群有着共同目标的人。如果你为他们创造和提供了一个空间，他们就会自然而然结成好友，作为一个群体进行互动。而你提供的内容有助于引导这个过程，促进他们互相联系，并且引导网络社群产生你想要的成果和结果。

因此，你应当借助自己的网络社群中的用例来广泛地定义内容战略。当你优先提供自助式服务时，需要一种特定的方法来创作内容，就好比在你的品类中建立思想领导力时，也需要另一种具有独特风格的内容一样。

尤其是在早期增长阶段，你的内容应清晰地阐明并与网络社群的成员交流你打算使用的用例。采用这种方式，你可以确保网络社群成员从加入的那一刻起便着眼于讨论，并且开始讨论。

在 Gainsight 公司，我们有时候用下面这个简单的飞轮来说明内容的作用。内容最初有助于将网络流量推向你的网络社群。从这些流量中，你可以看到网络社群以成员之间互动的形式被激活，从而催生更多的内容创作，等等。这个持续的循环可以清楚地说明成功的网络社群是如何发展壮大的。

由于这是一个宽泛而重要的话题,因此我们将更加深入地探讨网络社群内容的内涵及其有哪些不同的目的和类型。

网络社群内容的四大关键支柱

在制定网络社群内容战略时,我们建议你考虑内容可以服务于哪些不同的目的。这将帮助你制定一种有效的策略,从而明确每项内容的价值是什么,以及如何将它映射到你的企业目标之中。下面的表格概述了我们建议考虑的网络社群内容的四大关键支柱。

内 容 支 柱	描 述
帮助	自助式服务用例是许多数字化客户成功网络社群的基础。因此,聚焦于服务的内容是许多网络社群内容战略的关键支柱之一。特定的内容主题通常源自支持团队,或者是经常出现的问题。创作这些内容的目的是回答大多数常见的或直接的问题,为直接面对客户的支持团队腾出了时间,使他们重点关注更能带来价值的互动 **影响指标**:自助式服务增加了,需要支持团队的客户就相应地减少了
教育	随着 B2B SaaS 的兴起,许多网络社群已经将其关注焦点转向支持客户成功团队的内容创作。这意味着具有教育意义的内容的特定目的是帮助客户从产品中获取价值,一般通过操作指南、示例和最佳实践来表现这一点。在这方面,还可以通过更新产品功能和突出特定产品能力的内容来推动客户对产品的采用。当然,这是大规模的客户成功或数字化客户成功,在我们撰写本书的时候,这是客户成功领域最热门的话题之一 **影响指标**:客户流失率降低,产品采用度提高

续表

内容支柱	描　　述
互动	当你营造网络社群的氛围时，需要创建旨在直接推动客户互动的内容。相关内容可能会突出并概括最近的讨论主题，或者突出单个成员，也可能是一些有趣的、搞怪的内容，如笑话、竞赛和测验。这些内容通常旨在开启对话，以邀请客户开展更深入的讨论，并促进客户之间在网络上的交流 **影响指标：** 月度活跃客户
鼓舞	鼓舞人心的内容旨在围绕你的品类、品牌和产品建立思想领导力。将你定位为思想领袖，对于培养客户代言人及将网络社群意识扩展到对你所处的领域感兴趣的非客户是至关重要的。例如，想一想 Gainsight 是如何被视为客户成功领域的思想领袖的，以及它的思想领导力是如何在整个客户成功领域产生影响力并受到尊重的。最后，这可能是新业务的关键驱动因素 **影响指标：** 客户留存率和客户增长率

如何定义具有教育意义的、鼓舞人心的内容

如前文所述，客户成功的内容有几种可能的风格，你也许需要考虑创作所有风格的内容。但如果你有所侧重，并进行优先级排序，我们建议你侧重具有教育意义的、鼓舞人心的内容。原因很简单：我们认为，从企业的角度来看，有效的网络社群内容应当具有相关性和价值。大多数人加入你的网络社群是因为他们想学习。出于这个原因，具有教育意义的、鼓舞人心的内容是 B2B SaaS 企业创建网络社群时关注的核心内容。

只要回忆一下你上次参加企业网络研讨会时的情形，你就明白了。你报名参加这次企业网络研讨会可能是因为它的主题与你的专业密切相关，并且你期望能够学到有用的知识。人们的生活很忙碌，而这个世界上可供人们消费的内容多得惊人。因此，人们很自然地会分配自己的时间，筛选出那些吸引其注意力的东西。而网络社群内容要想有效，必须能够真正教会人们关于某个重要主题的知识。

那么，如何定义具有教育意义的、鼓舞人心的内容呢？要回答这个问题，你需要深入了解为什么人们会加入你的网络社群。对大多数网络社群来说，人们之所以加入其中，无非有以下这些原因。

- 他们对你的企业、品牌、产品或服务感兴趣，希望学到更多知识。
- 他们购买了你的产品或服务，希望通过提问和学习最佳实践来优化他们对产品或服务的使用。
- 他们想与面临类似情形的同行见面并建立联系。
- 他们是你的产品或服务的专家，他们希望通过深化自己的专业知识并将自己定位为思想领袖来发展职业生涯。

在这些情况下，具有教育意义的、鼓舞人心的内容最有可能满足网络社群成员的需要。你的内容将告诉人们怎样使用你的产品或服务，提供有益的回答，突出展示客户的最佳实践，并且能在其中找到鼓舞人心的、富有战略性的见解。

网络社群中已经部署的用例将决定你需要将注意力聚焦在什么地方。例如，用于推动产品采用的具有教育意义的内容可能包含许多实用的提示和诀窍，教大家如何使用该产品。同一个网络社群中鼓舞人心的内容可能包含最佳实践展示，以及与网络社群中那些为产品代言的客户共同提出的战略性见解。这些内容能够以以人为本的方式来支持客户，讲述一些励志的故事，介绍个人如何在特定的行业中开辟他们的职业道路。

网络社群内容的类型

研究了网络社群内容的关键支柱及目的后，让我们稍稍深入一些，介绍网络社群内容的类型。

对话

网络社群中大量的内容一般是对话。这些对话往往是由客户发起的讨论，由一个初始的帖子和帖子下的一系列回复组成。

提问和回答

提问和回答是许多不同类型的网络社群的核心优势。这是自助式用例的基础，它们推动了许多客户成功战略的制定与执行。在大多数平台上，提出问题的客户可以将某位网友的回答标注为"最佳答案"，使提出同样问题的其他客户能够更加容易和迅速地找到解决办法。网络社群最独特和最强大的一点是，大多数答案往往来自客户，而不是企业。这种情况发生的比率（有时称为"同行回答百分比"）被视为衡量网络社群健康运营状况的指标。

文章和博客

很多网络社群中的内容还包含官方发布的长篇文章，用来分享有用的、具有教育意义的或鼓舞人心的内容。这类内容可能是由企业撰写和发布的，也可能是企业与客户共同创作的。发布这类内容的目的通常是吸引流量，激发客户的讨论，或者围绕受欢迎的主题提供答案和最佳实践。网络社群还可能包括专门用于存储这类内容的传统知识库。

课程和培训

在 B2B 软件中，课程和培训被越来越多地融入网络社群的体验中，以助推客户的引入，推动产品的采用。课程和培训与其他类型内容的主要区别是，课程有着结构清晰的路径，有明确的开头和结尾，有些甚至可以为参与培训的客户提供结业证书。我们越来越多地看到，许多企业将客户教育的功能与网络社群平台整合或连接起来。

反馈和创意

一旦你邀请人们加入你的网络社群，毫无疑问，他们就会评价你的产品和网络社群。欢迎所有的反馈当然是个好主意，但最好让网络社群成员在一个专门的板块进行反馈。这不仅有助于整理你收到的反馈，而且能向网络社群成员表明你正在倾听他们的反馈。在网络社群中，你可以划出一个专门的区域，使成员（甚至非成员）能够发帖，表达他们的创意或想法，而其他成员可以对这些创意或想法进行投票。在整理成员的反馈时，这是一种高度可扩展的有效方式，可以解决令许多产品团队感到头疼的反馈渠道碎片化的问题。可靠的跨部门支持可以作为这种方式的补充，以便做到成员期望的及时跟进和公开透明。

产品更新

为了推动产品的采用，可以将网络社群中用于产品和路线图更新的板块作为即将发布的产品新功能及其他路线图新闻的中心。在 SaaS 企业出现之前，这样的板块可能是一个"发布说明"的页面。如今，这个板块更有可能是一个内容丰富且引人关注的页面，在其中，用户可以订阅并进行互动。如果你创建的网络社群是为了邀请用户就你的产品进行反馈，那么，闭合反馈循环并就产品路线图中发生的事情进行沟通是非常必要的。

聚焦于活动的内容

可以通过聚焦于网络社群的活动来创作内容。由于大多数网络社群的互动并不是同步的，所以充分利用各种活动可以为你的同步（实时）互动增加一些趣味。让我们看两个常见的例子。

- 有问必答。有问必答是一种很吸引人的形式，最初在 Reddit 网络社群中流行。在其中，用户可以实时地向主题专家提问。这种形式比较灵活。主题专家可以是任何人，从网络社群主管到产品生产企业中的某个人，甚至企业的 CEO。问题可以提前分享，以保持有问必答环节井然有序。此外，在这个环节中形成的内容可以在网络社群中作为具有吸引力的长尾内容加以保留，在活动结束之后很长一段时间内仍然受到网络社群成员的欢迎。
- 网络研讨会和办公访问活动。最近几年，客户成功团队和网络社群从业者开始将更多的时间用来举行网络研讨会，这是一种为网络社群增加动态的同步元素的很好方式。通常情况下，网络研讨会会邀请一位演讲者，他/她可能来自你的企业，也可能只是某位客户或网络社群的某位成员，也有可能由网络社群自身来推动讨论。这就是流行的办公访问活动诞生的重要前提。在这种活动中，企业邀请网络社群成员加入开放式圆桌讨论，他们可以询问或讨论任何他们关心的问题。

社交内容

在本章中，我们重点关注你在自有网络社群平台上创作的内容。不过，我们还想突出展示你在社交平台（如领英）上发布的信息经过放大后的力量和价值。正如前文所述，我们并不推荐在社交平台上创建网络社群，但并不是说社交平台不能在整体的内容战略中发挥重要作用。

当你充分利用社交平台时，也在利用其绝对的影响力。我们的 CEO 尼克·梅塔经常在领英上发布最佳实践和思想领导力的帖子，这些帖子得到了大量的浏览和互动。你可以利用更广泛的网络社群创造一个机会，将流量吸引到你的自有网络社群平台，同时邀请感兴趣的人到这个核心目的地。在这里，人们有可能进行更加深入的互动，获得更加个性化的体验。

我们在前面几章提到过，在各种类型的网络社群的创建过程中，一开始就要组织的活动包括与客户对话并举办小型虚拟的或面对面的活动。虽然尼克·梅塔不再亲自与 Gainsight 公司的所有客户对话，或者与他们保持密切的个人联系，但他依然每周与几位客户对话。这些对话有助于确定他在领英网站上创作的内容重点。这些补充的内容与在自有网络社群平台上更深入的互动和见解结合起来，最大限度地扩大了网络社群的覆盖面。

同样的原则也适用于客户旅程的其他触点。你也许有一个活跃的脸谱群组或一个 Slack 网络社群，它与你的自有网络社群平台共存。你可以将后者定位为核心目的地，在其中放置大量与你的企业相关的内容，并且将相关主题广播到别的平台，以放大你的信息（广度）并最终将互动吸引到你的自有网络社群平台上（深度）。

开始创作网络社群内容

细分你的客户

在为网络社群创作内容时，考虑客户细分是有益之举。这有助于确保你的内容战略是相关的，并满足所有客户的需求。然而，我们并不推荐只为网络社群设计一组全新的人物角色。如果你已经在企业中使用了一组人物角色，更明智的做法是从现有角色中进行提取。大多数 B2B SaaS 企业都有一组非常清晰的人物角色。你的网络社群成员将包含你在企业层面与之合作的客户和潜在客户。为了实现部门之间的一致，采用同样的人物角色是有益的。假设你现在已经拥有了一组人物角色。它们可能基于使用你的产品的特定客户角色等，并与企业成熟度、年度经常性收入、产品用例或客户生命周期的各阶段结合起来。

如果你白手起家，可以从关注客户数据开始，包括客户的地理位置、兴趣爱好及需求。在 B2B SaaS 企业的网络社群中，你可能会考虑细分客户企业中各种不同的岗位，如产品管理员、每天使用产品的人、负责制定战略的高级决策者。在 Gainsight 公司，我们为一些关键的个人定义了人物角色，如首席客户官、主管客户成功的副总裁和 Gainsight 软件管理员。我们为每个人物角色定义了网络社群内容、活动及其他相关活动。细分客户的另一种方式是利用客户生命周期或产品采用的成熟度进行细分。例如，你可以为了引入新的客户或专家客户而创建不同的内容细分。

注意不要过度细分。虽然你可能从直觉上认为大量小型细分市场有助于创造更加个性化的体验，但我们发现，当细分市场变得越来越小时，回报会递减。在为众多小型细分市场创建内容时，所需的工作量和工作的复杂度将骤增。相反，应重点关注少数几个真正有意义的细分市场，这些细分市场之间有着明显的区别，而且在这些细分市场上，不同类型的内容能够真正增加价值。

最后，要知道，没有哪项细分市场战略是完美无缺的。重要的是定期评估和调整方法，以确保细分市场战略的有效性，并保证内容与网络社群成员的需求和兴趣一致。

明确网络社群的创作者

如何明确在创作网络社群内容方面的责任分配，取决于与你的网络社群及企业相关的各种因素。一般来讲，根据我们的理解，应当由一位专职网络社群主管负责推动大量的网络社群活动，包括那些与内容相关的活动。但企业内部的其他各个部门也可能需要参与其中。

网络社群提供了打破企业内部筒仓的绝佳机会。创作内容是一个典型的例子。在创作内容时，客户成功团队、产品团队、营销团队聚集起来，作为内容计划的一分子开展合作，无论网络社群的主要所有权在哪个部门。客户成功团队创作的内容常常聚焦于最佳实践和客户展示，是具有教育意义的很好的内容。产品团队的作用也日益提升，他们在创作关于产品功能和路线图的内容方面扮演着主要角色。营销团队通常能够提供内容创作的专业知识（包括视觉资产）、推广渠道，以及那些聚焦于潜在客户和扩展性的内容。

提供主动的、个性化的和相关的体验

第一波企业网络社群出现后，人们怀着这样一种想法来创作内容：当客户搜索某一内容或在浏览中偶然看到它时，它会被动地显示出来。我们想强调的一个关键发展趋势是，网络社群空间开始朝着更加个性化和更具相关性的方向发展。

要创作高质量的内容，使之成为具有清晰的目标和细分市场的有效内容战略的一部分。这样，你就能够通过电子邮件、应用程序、社交媒体及其他渠道，以一种高度相关的和个性化的方式向客户宣传、推广你的内容，以满足他们的需求。这是数字化客户成功的核心。从根本上讲，你要在正确的时间向正确的客户提供正确的内容。这方面的一些很好的例子有：连续几周向新客户发送电子邮件，以引领客户；向客户提供及时的内容链接以帮助他们更好地了解你的产品，采用它的一整套功能，并且获得最大价值。

自有网络社群平台越来越能够以一种相关的方式呈现网络社群中的内容，这些内容基于网络社群成员或客户关系管理档案中的一部分可用数据，或者基于网络社群成员以前的浏览习惯。在选择和设置网络社群平台时，请考虑这些功能。

我们鼓励你超越孤立的内容创作，并考虑如何将你创作的每段内容作为一系列个性化的和相关的体验的一部分，以丰富更加广阔的客户旅程。

制订内容创作计划

创作内容可能是复杂的，尤其是当内容由企业内部的多个团队共同创作时。这里介绍一些你可以采取的简单而明智的步骤来制订内容创作计划。

步骤 1：确定内容主题。一项好的入门练习是确定一组带有明确目的和目标的内容主题。这可以确保你的整个计划都是有目的的。例如，你可以首先听取一些本章介绍的关于如何创建具有教育意义的、鼓舞人心的内容的建议。根据网络社群内容的四大关键支柱，你可以确定一个内容主题，针对特定的客户细分市场来推动产品的采用。之后再确定一个内容主题，旨在为专家客户提供高级的最佳实践。

步骤 2：记录你的计划。用纸和笔把内容计划写下来。这是一份战略文档，可以是一页纸，描述所有的内容主题及其目标和目的，并列出内容的创作、发布和推广日程表。

步骤 3：建立核心流程。如果你是一位独立的网络社群主管，可能不需要这一步骤，但在许多情况下，勾勒出内容创作的正式流程具有建设性的意义。考虑以下几个问题：内容创作完成后，是否需要某人审核？如果需要，如何审核？创作能不能在协作友好的平台上完成？是否需要一个批准步骤？谁负责发布内容？将流程写在纸上，有助于跨部门协同等工作的顺利进行。

步骤 4：确定关键角色。确定谁将在内容创作团队中扮演某个角色。

要使内容真正有效，你需要组建一个团队，以掌握多种技能和专长，如写作、编辑、视频创作，并具备来自多个部门的专业知识。这个团队将负责端对端的内容创作计划——所有这些工作的完成都由网络社群主管监督。

步骤 5：确立成功标准。最后，一定要在内容创作计划中包含某种可以定期衡量与分析内容创作绩效的方法。考虑一些基本的指标，如覆盖面、互动率，甚至转换率——所有这些都取决于你为内容主题设定的目标。这些数据可以用来识别需要改进的领域，并在结果没有达到你预期的目标时，帮助你做出调整。通过采用这种方式，并在制订内容创作计划时用数据说话，你将能够迅速调整精力，将其投入那些效果更好的内容类型上。

准备好与网络社群互动

在本章，我们讨论了网络社群的内容为什么重要，以及你可以考虑创作哪些类型的内容。我们还介绍了你在制订内容创作计划时可以采取的基本步骤。这些工作中的绝大部分是网络社群取得成功的根本要素，因为它们将吸引成员加入，激励成员参与，并鼓励成员定期回到网络社群中来。现在，你已经为内容创作计划打好了坚实的基础，接下来可以学习如何深入地与网络社群成员进行有意义的互动，并开始培育真正的支持者。

第9章

法则5：培育代言人

最忠诚的客户是你成功的敲门砖

CUSTOMER COMMUNITIES

基于订阅软件的兴起使购买者在签约服务并探索软件功能时变得容易。这类软件还为那些聚焦于类似用例的成千上万个基于订阅的解决方案铺平了道路。我们都见过营销技术领域的信息图表，其中显示了数千种工具和服务，使营销人员在工作中更加轻松。有些工具和服务可能在技术上领先，它们通过重要的创新重新定义了其所在的领域。但大多数工具和服务在功能上相差无几，能够解决的问题也类似。那么，如何才能让你的产品在众多产品中脱颖而出呢？更重要的是，你如何获得竞争优势呢？

客户之所以在市场中购买产品，是因为他们想解决一个特定的问题，或者想争取一个机会。因此，对你来说，重要的是让他们相信你的产品能够帮助他们做到这一点。但是，客户在做出购买决策时，该如何确定你的产品能够帮助他们做到这一点呢？产品引领的增长战略已经表明，将试用期与直观的功能结合起来，可能是一种强大而成功的方法，但这并不总是足够的。虽然试用期可能展示了如何使用产品，但许多 SaaS 产品需要在看到实际的结果之前进行一定的变更管理和投资。在这方面，网络社群平台是一个很好的例子，在这个平台上，虽然试用期可能有效地展示了平台的功能集，但它无法显示与客户进行长期积极互动的价值。

那么，替代方案是什么？在 B2B SaaS 领域，我们观察到，潜在客户希望听到那些已经执行了解决方案并从中获益的其他客户的声音。潜在客户想知道其他客户到底学到了什么，以及他们是否会推荐所选择的解决方案。我们都知道，来自同行的推荐比品牌内容或销售宣传更值得信赖。G2 网站成为 SaaS 领域如此重要的真相来源，并非巧合。

本章讨论的是"代言"。它在口碑推荐方面拥有惊人的力量。有了一个伟大的产品和品牌，就有可能产生有机的代言，这完全基于企业制造了某样人们乐于使用并喜欢谈论的东西。但是，通过与客户进行巧妙的互动，也可以主动发展、培育和拓展这种代言的深度与广度。而你的网络社群计划可能是做这件事的最佳场所之一。

是否每位满意的客户都会充当你的代言人？显而易见，这个问题的答案是"否"。一位客户要成为你的产品或服务的代言人，他不仅要成为一位满意的客户，或者成功地从你的产品中获得了价值，还要主动与他人分享你的产品。这是你用来促进和培育代言人的一个重要方面。但在做这件事之前，你需要了解是什么助推了代言的诞生。

代言人的类型

我们认为，区分以下 3 种类型的代言人是有益之举。我们正在更深入地观察是什么激发了那些有能力且愿意为你的产品代言的人。

品牌代言人

有些品牌构筑了一个粉丝群体，并且具有一种远超产品本身的神秘感。例如，即使苹果公司的产品并不总是技术上最先进、功能最丰富、性价比最高的，许多苹果产品的客户出于对该公司和品牌深深的、长久的信任，仍然对其保持忠诚。有时候，从未买过某种产品的人（非客户）也会产生一种真正的品牌代言人的感觉。例如，一些人即使从未购买过哈雷-戴维森摩托车或豪华跑车品牌的产品，也非常喜爱和欣赏它们。品牌代言人可能认为，他们喜欢的公司与他们想要的特定形象、感觉或生活方式有关。

| CUSTOMER COMMUNITIES

产品代言人

一些产品代言人只爱这款产品，也可能只爱这个品牌。我们看到，产品代言人往往是一些经验丰富的客户，只要有可能，无论什么时候，他们都乐于和别人讨论产品，并分享自己的专业知识。他们对产品的兴趣和喜爱使他们愿意花大量时间来提出反馈意见，并想办法扩展或改进产品。在 YouTube 之类的平台上有许多例子。例如，客户对于自己最喜欢的产品和服务，会给出深入的指南和提示。

自我代言人

在 B2B SaaS 领域，产品的使用可能与职业发展机会紧密相关，于是我们经常发现，有那么一些人，他们会为了树立自己的个人品牌并发展自己的事业而参与代言。虽然这类代言人可能与你的品牌和产品的联系不那么紧密，但是，你有很好的机会来培养与这类代言人的关系。他们对发展个人品牌的热情可能意味着他们愿意与你共同创作内容和参加活动，这可能是一种强大的双赢合作。

在现实中，你的一些代言人可能属于以上多种（甚至全部）类型。但一般来讲，这 3 种类型中的其中一种是他们的代言活动的主要推动因素。这种情况在网络社群平台上很容易观察到。你可能发现某位客户经常会立即加入对话，以保护你的品牌不至于受到不公平的批评（这是品牌代言人）；某位用户拥有深厚的专业知识，经常回答其他客户的问题（这是产品代言人）；还有一位客户则表现出新颖的思维领导力，并讲述了成功案例（这是自我代言人）。这些活动具有不可思议的价值，对所有为客户提供高质量产品或服务的企业来说，这些活动可能以某种形态或形式发生。如果你主动培育代言人，就能充分发挥这些不可思议的客户所做事情的影响力和价值。

代言活动的类型

你可以积极地鼓励并培育一些代言活动，将其作为网络社群计划的一部分。可以考虑以下 4 种重要的代言活动。

一对一支持

在企业网络社群的第一波发展浪潮中，代言通常意味着一件简单的事情——网络社群中的一群专家愿意在他们的空闲时间里回答问题。他们是拥有深厚的专业知识和产品经验的产品代言人。他们可能极为热情和挑剔，有时候，这会导致他们在积极帮助其他客户的同时，在某些方面却成为你的企业的品牌诋毁者。当这种情况发生时，我们认为，他们的沮丧源于对你的产品的深切关注，以及对你的产品发展方向的投入。产品代言人往往因为别人对他们专业知识的认可而获得满足感。正因如此，培育这类代言活动的传统方法是使用游戏化机制和提升代言人在网络社群平台中的地位。这些经过验证的方法在今天依然十分有效。

创新和产品反馈

产品代言人往往也会倾向于在提供深思熟虑的反馈和创意方面发挥作用。产品代言人天生的动机和兴趣意味着这类反馈将通过所有可用的渠道被分享，无论他们是否受邀提供反馈。相关渠道有支持工单、客户成功管理系统等。通过网络社群平台，你可以采用多种方法，以可扩展的方式参与并推广这种活动。通过在网络社群中开放分享创意和投票等功能，你很快就会发现，你的产品代言人是提供了绝大多数反馈的人。

这些代言人会很好地回应你的进一步参与和邀请，如请他们参与你的 Beta 测试计划或聚焦于创新的小型活动。通过这种类型的互动，他们还可能帮助你管理和整合来自其他客户的反馈。我们常常观察到一个奇妙的动态：如果产品代言人受邀参加了 Beta 测试或其他创新活动，他们往往会对新版本的产品持更加积极的态度，他们会公开为其代言，并在你推出新的产品功能时为其他客户提供一对一的指导。

网络研讨会和直播活动

正如前文所述，有些客户可能正在努力发展自己的职业和品牌。如果他们在某种程度上是你的产品或品牌的代言人，你就有机会与他们互动，并邀请他们参加网络研讨会或直播活动，在那里，他们可以公开发声。我们发现，许多 B2B SaaS 企业采用了这种做法，因为它体现了一条核心原则：来自同行的内容比来自品牌的内容更值得信赖。客户以这种方式讲故事，以服务于无数的用例和目标。例如，他们会向潜在客户展示你的产品的价值，或者分享成功案例，以增加现有客户的采用量。这类互动的一个强大的方面是，你真正地回报了你的代言人，因为他们通过展示自己的知识和公开演讲技能，得到了实实在在的价值，这有可能让他们直接获得新的职业机会，而你也受益于由此产生的信赖感和引人入胜的内容。这是一种真正的双赢。

客户推荐、案例研究和引荐

在每款 SaaS 产品的销售过程中，都会有对客户推荐和案例研究的请求。每位潜在客户在做出决策之前，都希望从销售人员之外的人那里获得真相。网络社群本身是潜在客户收集这类情报的很好的场所。除此之外，你还可以充分利用网络社群来辨别哪些客户愿意扮演推荐者的角色并和你共同创作内容。在这里，你要寻找那些拥有一定的产品知识和专业特长的品牌代言人。重要的是要注意到，你的代言人也拥有他们自己的网络社群，并且他们可能不需要你的任何提示就向认识的人提供积极的引荐，直接推广你的产品。通过邀请代言人参加案例研究和活动，可以放大这种效果，因为他们的见解被其他客户视如珍宝。

制定代言策略和计划

前文围绕代言人的类型及他们的代言动机、代言活动的类型等基本主题进行了探讨。接下来需要思考的事情是如何培育代言人的代言活动，并使其影响最大化。为了做到这一点，我们建议你设计并执行一份结构良好的代言策略和计划。

首先要考虑的是如何有组织地识别代言人。你可能已经认识了几个代言人。怎么认识的呢？他们可能参与讨论过你在社交平台（如领英）上发布的帖子，你通过这些讨论认识了他们；或者仅通过与他们之间的客户关系而认识他们。代言人的出现有很多种方式，以上仅是几个例子。不过，在你的代言计划中，一个关键要素是积极识别即将出现的和潜在的代言人，对此，你的网络社群平台将发挥影响力。

企业网络社群平台的一个伟大之处在于，通过提供奖励、认可、数据及对那些开始表现出代言行为的客户的深刻洞察，可以调整平台的本地游戏化系统，以激励和鼓舞当前正在进行的互动。举例来说，这可能意味着排名的不断提升，或者成为积分排行榜系统中的赢家。监控这些游戏化系统，将为你提供早期的信号，提示你有机会与可能的代言人进行互动并培育更多代言人。

除了监控游戏化系统，还可以监控网络社群的数据，以帮助你确定

| CUSTOMER COMMUNITIES

哪些客户正在成为你的代言人。我们通常建议将网络社群的互动想象成一个漏斗。Unqork 公司的网络社群主管丹尼·潘克拉兹设计了我们最喜欢的互动漏斗模型。它展示了一个人从一位来访客户到通过在活动中发言或推荐而正式代表 Unqork 公司所经历的旅程。

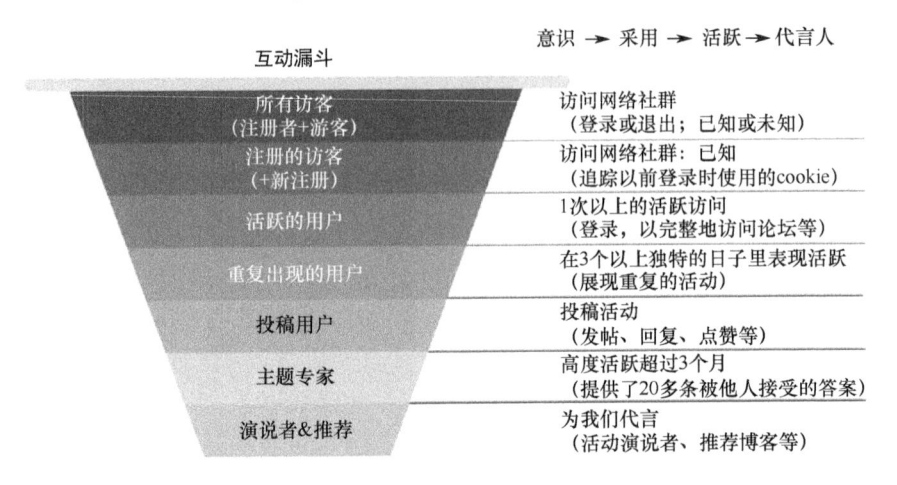

互动漏斗　　　　　　　　　　　　意识 → 采用 → 活跃 → 代言人

所有访客（注册者+游客）	访问网络社群（登录或退出；已知或未知）
注册的访客（+新注册）	访问网络社群：已知（追踪以前登录时使用的cookie）
活跃的用户	1次以上的活跃访问（登录，以完整地访问论坛等）
重复出现的用户	在3个以上独特的日子里表现活跃（展现重复的活动）
投稿用户	投稿活动（发帖、回复、点赞等）
主题专家	高度活跃超过3个月（提供了20多条被他人接受的答案）
演说者&推荐	为我们代言（活动演说者、推荐博客等）

确定潜在代言人的机制就位后，我们建议设计一个有组织的计划来与潜在代言人互动。这类计划的核心主题是认可。在第一波企业网络社群的发展浪潮中，超级用户计划的基础是在网络社群中创建一个私人区域，并在其中同时创建一个公共头衔，如 VIP、"冠军"或"摇滚明星"。私人区域用来与代言人进行更深入的互动，在那里，可以让代言人早点获得关于即将推出的产品的信息，并让他们直接与网络社群背后的团队接触。这类计划的成员通常会收到生日贺卡或圣诞贺卡，还可能受邀参加企业活动或其他线下聚会。

这类计划往往是为了最大限度地提升一对一支持活动的效果，而它们通常在这方面极为有效。当计划受到企业各个层级的人员认可时，它们会更加有效。艾丽卡·库尔和我们分享了 Salesforce 公司 Trailblazer 网络社群创办初期的一个绝佳例子。她告诉我们："我们启动了第一个超级用户计划，我记得有一次我偶遇了公司 CEO。他说道：'当你离开 Dreamforce 公司之后，是怎么对待那些最有价值的专家的？'我回答：'嗯，除了 Dreamforce，我们并不经常聚在一起。'当我回到办公室时，他把成本中心的数据发给了我。所以，我们让那些最有价值的专家飞到旧金山，参加我们的首届最有价值专家峰会。我们的 CEO 让公司的每位高管轮流参加这次峰会，并展示他们的路线图。所有超级用户都签订了保密协议，而且我们需要他们的反馈。"直到今天，Salesforce 公司的最有价值专家计划依然十分强大。

随着网络社群空间的不断发展，我们见证了 B2B SaaS 网络社群当前的演变。在演变过程中，客户与品牌和产品之间的联系日益紧密，因为它们与客户的职业道路息息相关。Salesforce 公司的 Trailblazer 网络社群是这方面的一个典型范例。另一个很好的范例是 Unqork 公司网络社群的主题专家计划，正如上文的互动漏斗所示。这是一项正式的计划，其中的网络社群成员可以成为主题专家，方法是持续参与互动并回答其他成员的问题。在 B2B SaaS 网络社群中，成为主题专家或最有价值的专家，在某种程度上是有意义和有价值的，并且远远超过网络社群本身的意义范畴。潘克拉兹经常在领英网站上发帖，欢迎网络社群之外的新的主题专家，而这些主题专家可能在他们的简历和求职申请表中提到他们是该计划的成员。潘克拉兹有证据表明，Unqwork 公司的主题专家计划帮助网络社群成员获得了晋升、找到了新工作。

有意思的是，潘克拉兹本人如今是我们的网络社群中最活跃的投稿者之一，也是我们认为的代言人。我们除了把他当成客户，与他结成了亲密的关系，还邀请他在我们的年度"脉冲"大会上担任演讲人。在大会上，他还赢得了我们的"游戏改变者"奖项。这是真正的代言行动。

代言的影响与价值

互动漏斗模型是衡量客户在网络社群中的参与度的一种基于数据的强大方法。然而，这个模型并没有告诉我们代言活动有着怎样的影响。观察代言活动的影响与价值的最佳方式取决于代言活动的类型。

一对一支持的影响与价值

这种代言活动由产品代言人推动，其将通过提高支持工单的转移率和最大限度地扩大有益的自助式内容的覆盖面等方式，帮助你扩大规模并提高效率。如果要衡量你的计划在这方面为客户提供的价值，一个很好的指标是代言计划的成员在网络社群中回答问题的百分比。在某些网络社群中，这个百分比达到80%甚至更高。

创新和产品反馈的影响与价值

参与的与产品反馈相关的活动能够帮助你加快创新速度。产品团队将聚合他们的反馈，从中挖掘巨大的效能，因为如果他们面对的是分散的反馈，就需要花费更多的时间。同样重要的是，这类代言活动可以推动产品采用率的提高。

客户推荐、案例研究和引荐的影响与价值

这类由你的品牌代言人推荐的代言活动可以放大你的营销和销售团队的努力。你将在由此产生的大量案例研究和引荐中看到这一点，并在营销和销售的结果及可扩展性的改进中看到这一点。

网络研讨会和直播活动的影响与价值

你的许多网络研讨会和直播活动将面向潜在客户，你将直接看到这类代言活动对你的销售渠道的影响。此外，这类代言活动还将深刻地扩大自助式服务的覆盖范围并推动产品采用率的提高。

以上只是你可以预期的代言活动的价值与影响的几个例子。在第 13 章，我们将更加详细和深入地阐述网络社群计划的商业价值。

下一步：谁为客户负责

在前面几章，我们讨论了有效的网络社群计划的基本构成。现在，是时候探讨这个更广泛、更深入的问题了：在你的企业中，谁负责并管理所有这些重要元素？你的网络社群计划是仅由一个人或一个团队负责并管理吗？在第 10 章，我们将带领你寻找这些问题的答案。

第10章

法则6：人人对客户负责

网络社群是一项全公司战略，而不是某个团队的事网络社群是一个奇特的创举。一个小团队负责运营它，但整个公司的人共同拥有它。没有哪个团队是这样的：它既能够代表你的客户、潜在客户，又能够代表你的合作伙伴的所有利益。那么，如何在网络社群运营团队和如此众多的其他团队之间构建合作关系呢？网络社群团队应当由哪个团队负责才能发挥最大的作用呢？

从顶层开始，带着目的创建网络社群

2013 年，在我们举办的首届"脉冲"大会上，Gainsight 成为全公司对网络社群负责的范例。我们的 CEO 尼克·梅塔每年都会在主题演讲中回忆那次小型聚会，以及"脉冲"大会的发展历程。他的演讲散发着自豪、热情，以及对客户成功的真诚善意。他的日程表上排满了无数客户电话、网络社交和职业指导对话、网络社群活动等。他的支持甚至形成了一个完整的循环，推动我们第一次将面对面的"脉冲"体验与 Gainsight 的虚拟网络社群平台进行深度整合。

迪恩·施特克尔 2015 年曾担任分析自动化公司 Alteryx 的 CEO，如今担任 Gainsight 公司的执行主席。他说："如果我们不给客户提供一个丝毫没有摩擦的环境来相互分享和交流，那就没有人会了解我们的产品……客户不想打电话给技术支持部门并提问。他们想和领域专家交流。也许他们就在同一个地方。也许他们在相同的垂直领域有着相同的用例。他们想和这些人交流。"

与此同时，当 Alteryx 公司的董事会要求在每次会议上都提供关于网络社群的更新时，该公司首席客户官马修·斯塔布尔看到了董事会对网络社群的认同。他还从公司其他高管及自己的日常工作中看到了这种认同。"和我交流的每位客户背后都有网络社群。"网络社群中充满了鼓舞人心的用例和战术层面的建议，还有一些额外的东西随着 Alteryx 认证专家的出现而出现，这些专家对"产品及其（如何）改变生活"充满了热情。当被问到为何来自各个部门的高管都对网络社群感到兴奋时，斯塔布尔说，他们觉得 Alteryx 公司提供的工具对这个世界产生了不可思议的影响。一位客户利用 Alteryx 公司提供的工具拯救了他人的生命，该工具可精准地管理抗癌给药。另一些客户使用 Alteryx 公司提供的分析自动化工具预测了市场的波动，为公司节省了巨额资金。斯塔布尔说，高管团队和客户看到，当他们摆脱了繁重的分析工作，让分析的见解脱颖而出时，就会产生改变生活的力量。

你的网络社群由那些与高管团队怀着相同目标的人组成。这些人相信自己正在做重要的事情、有价值的事情，这种信念可以将庞大的网络社群中所有不同的角色联系在一起，包括所有团队的员工。如果你还没有一位支持网络社群的高管，那么你的工作就要从这些事情开始：向那些关心你的企业会对世界产生什么样的影响的高管分享这些故事。你可以向高管们展示网络社群中的成员是怎样与你分享这些的。在每年的"脉冲"大会上，Gainsight 公司都会从首次参加甚至多次参加的与会者那里得到一个最重要的收获。与会者在分享他们的故事时，会感到有些吃惊和震动。他们会说："我并不孤单。"

网络社群的价值是全方位的

员工（这里特指网络社群团队成员）基本可以像客户及潜在客户一样自由选择是否加入网络社群。除非员工感觉网络社群对他们个人有益，否则他们总是会做他们觉得重要的其他事情，甚至只是收发一下邮件。值得庆幸的是，员工也可以获得与客户及潜在客户同样诱人的好处,尽管这种好处的表现方式不同。网络社群是员工和网络社群成员在一个永恒的循环中进行有益互动的场所。

网络社群推动员工互动的第一个循环是价值循环,包括有价值的信息、专业技术和授权。员工贡献他们的专业知识、指导,倾听客户和潜在客户的意见。与此同时,客户给予员工回报,描述真实世界的用例,分享反馈,并将其作为案例研究和推荐建议加以宣传推广。员工和客户同样都在形成一个网络,该网络可以提供知识和灵感。这种价值循环通过帮助每个人完成工作、承担责任、实现目标及提供外在的动机,使人人都受益。如果单独操作,这个循环可以使每个人都回到网络社群中来。

网络社群的第二个循环是验证循环,由热情、验证和包容组成。员工创建了网络社群,让网络社群成员觉得他们可以很好地表达自己解决了配置难题、提出了新举措之后的兴奋感,或者高兴地庆祝只有这个网络社群中的人才能庆祝的任何事情。此外,员工可以祝贺和奖励网络社群成员,通过网络研讨会、案例研究及其他更多的平台来放大他们的声音。员工还可以向网络社群成员表明,在这个拥有市场权威的大公司,有人了解他们,关心他们正在做的事,重视他们的贡献。

同时,客户也验证了员工工作的价值。员工整天都要花许多时间为客户解决问题,为客户创建工具,协商并达成双方同意的合同条款,等等。当客户取得令人惊叹的成就,并展示这种成就对他们的工作和事业成功有多么大的帮助(甚至像 Alteryx 公司提供的工具那样帮助客户拯救了他人的生命)时,员工的工作价值就远远超过其获得的薪水本身的价值。这种验证循环通过向员工表明他们的工作对其他人的重要性,使他们产生强烈的内在驱动力,使每位员工都受益。网络社群中的每个人都不受团队、职责或与公司的关系的限制,每个人都支持公司的目标,并得到高管的支持。

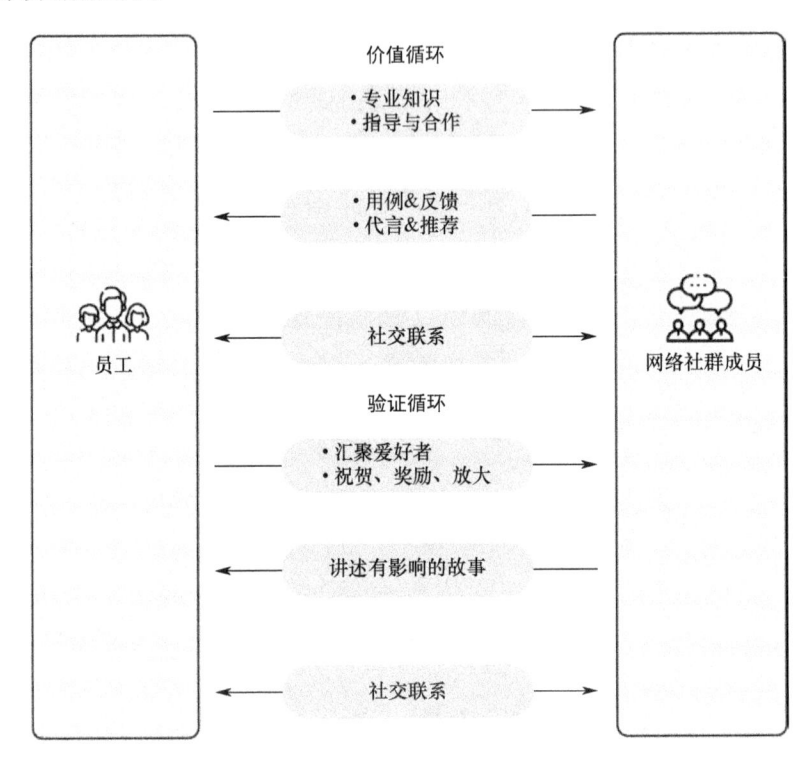

```
价值循环
  专业知识
  指导与合作
  ←
  用例&反馈
  代言&推荐
  社交联系
员工 ←→ 网络社群成员
验证循环
  汇聚爱好者
  祝贺、奖励、放大
  讲述有影响的故事
  社交联系
```

让员工参与价值循环

Gainsight 公司举办"脉冲"大会时，员工们的日程被安排得满满的。他们要和客户度过几小时的欢乐时光，举行午餐圆桌会。包厢里坐着来自客户和潜在客户的贵宾，员工会在会议间隙与对方建立联系，诸如此类。在现实中，与会人员见面之后还会深入到"脉冲"的虚拟空间，包括我们的网络社群。没有哪位员工会做梦说："也许我把时间花在回复电子邮件上会更好。"在现场活动中，验证循环不再需要所有人的参与。不过，为了让网络社群在日常优先事项的"死亡竞赛"中站稳脚跟，各团队都需要理解网络社群给业务目标带来的一系列影响。正如我们在第 4 章中提到的那样，所有团队都可以从网络社群中受益，无论是客户成功团队、支持团队、营销团队还是产品团队。

要想获得支持，你必须使价值循环与组织中的每个层次相适应。向最高管理层汇报时应当将内容聚焦在那些具有财务价值的滞后结果上。例如，如果你的网络社群关注的是成功，那么最高管理层希望重点了解与网络社群互动的客户和未与网络社群互动的客户的净留存率。副总裁级和主任级管理人员将更多地聚焦于他们觉得更有影响力的领先指标，如净推荐值①，以及对这些指标有贡献的活动，如互动成员的数量。个人投稿者想知道网络社群到底如何影响他们的职责。例如，向客户成功经理提供一份报告，列出在网络社群中参与度最高和最低的客户。

在清晰地了解了网络社群应当对他们的目标有怎样的影响之后，员工可能会仔细思考怎样进行互动。他们还可以更加清楚地辨别有益于他们的网络社群活动，了解他们个人所产生的影响，并告诉领导者他们会如何最大限度地利用好公司一手创建的网络社群。

让员工参与验证循环

协作软件公司 Miro 的网络社群团队乍看上去像生活在一个以网络社群为中心的乌托邦。根据该公司网络社群成功主管希拉·加勒·雷姆的说法，"每个人都想到了那些为我们代言、支持我们，代表我们发声的最终用户和我们的网络社群。他们知道这种日积月累的付出和努力有多么

---

① 净推荐值是指一种用于衡量某位客户向其他人推荐某家企业、某种产品/服务的可能性的指数。——译者注

重要，有多么真实，所以，他们真的把自己正在做的一切事情都牢牢记在心里"。Miro 公司的网络社群故事始于 2020 年。现任网络社群运营和战略经理玛丽娜·佩米诺娃曾是 Miro 公司支持团队的成员。当 Miro 公司仅有 100 名员工时，她就发现客户的故事很容易在员工中流传，包括 CEO。"我们从来不需要证明创建网络社群的价值，也不需要证明我们应当创建网络社群团队。我们的领导层发起了这种对话。"

这种培育网络社群的紧迫感是验证循环的结果。支持工单或净推荐值调查结果会让 Miro 公司的客户大吃一惊，调查结果显示了 Miro 公司在客户的岗位和职业生涯中的意义。加勒·雷姆说："无论什么时候，只要 CEO 介入，都是出于个人原因……CEO 似乎总是发自内心地关心那些讲述自己故事的人。"在感觉得到验证的那一刻，客户会向 Miro 公司发送邮件。更重要的是，他们感觉很棒。如今，Miro 公司的整个领导层都注意到社交媒体上的成功故事，并经常在全公司范围内的会议上邀请网络社群成员担任演讲嘉宾。通过定期向员工展示那些影响人类的故事而非关于投资回报率的故事，员工开始认可网络社群，并且与其中的成员形成伙伴关系。随着这些经历的不断累积，你会发现公司里越来越多的员工渴望参与到网络社群之中，甚至对网络社群产生了归属感。

从小事做起，从热心的信徒开始

Gong 公司的网络社群主管尼莎·巴喜入职该公司后，在 90 天内推出了网络社群。在那段时间，巴喜做了一次"路演"，她单独会见了每个部门的负责人和高管团队的每位成员。他们的对话部分与教育有关：网络社群将是什么样的，它将怎样影响他们的业务领域，以及他们的部门可以怎样提供帮助。然后，巴喜做了进一步尝试。她回忆道："我训练了每个人。'这是一门涉及可能性的艺术。你会和我一起试试吗？你愿意做试验吗？我们先试一个星期，看看怎样。我们先试一个月，看看效果如何。'没人知道结果。但作为网络社群专业人士，你应该知道。所以，你告诉人们你在培训他们。随着时间的推移，人们会提出一些想法。"巴喜将第一批想法摆在桌面上。对于其他团队，她唯一需要的就是他们的兴趣。

巴喜开始进行最初几轮游说时，一直在寻找潜在的代言人。这些人通过提问、发表评论，甚至仅用真诚的眼神交流来展示自己。他们愿意尝试能够快速取得成功的想法。一个首次尝试的小项目可以最大限度地利用他们最初爆发出来的热情，也可以衡量他们是否愿意为了实现这个唾手可得的目标而付出一点努力。

例如，巴喜在 Gong 公司的支持团队中发现了一个机会。该团队负责收集关于产品功能的客户请求。巴喜做了繁杂的工作。她为客户创建了"谷歌表单"来提交请求，并问支持团队这张表单应当融入支持工作流程中的哪个环节。她还询问了在指导客户填写表单时应该告诉客户什么，然后她写下了副本。支持团队为她的团队提供了指导和培训。后来，谷歌表单被巴喜的网络社群中的一个创意品类取代。而现在，在 Gong 公司，客户对产品功能的请求将直接被反馈到产品团队的待办事项列表中，以确定优先级。"我在公司内部所采用的方法不仅可以解释相关可能性，而且可以展示这些可能性，同时表明你真的相信这种做法将产生影响。"她总结了首席产品官和联合创始人对客户请求的反应："这太疯狂了。我从来没有见过这样的事。真是太棒了。"他们支持将待办事项进行整合，并且主动检查了客户的请求。从那以后，巴喜就用同样的技巧与公司的各个团队构建了沟通的桥梁。

增强动力

取得了一些成功并拥有了几位新生代言人后,接下来的挑战是做更多事情。如果团队对网络社群的投入度只和最近一个项目一样高的话,那么你就会一直和其他优先事项及光鲜亮丽的新创意做斗争,网络社群的工作始终得不到最高的重视。或者,如果你依赖一位很有感召力的代言人,那么,当他/她离开你的组织时,你又得从头开始了。你可以通过考虑其他团队的目标来规避这些风险。正如尼莎·巴喜所说,你要"跟着感觉走"。

Calendly 公司的网络社群负责人吉莉安·贝杰特里奇是 Zapier 公司的前任网络社群总监。她描述了自己刚开始创建网络社群时,是怎么被孤立、与公司其他部门脱节的。如今,她努力让她的网络社群团队明白他们在服务什么目标,以便团队的员工能够辨别他们可以在哪些方面干出漂亮的业绩。普通的利益相关方对网络社群如何运行几乎不了解,也不善于想象如何使用它们。网络社群团队的职责是提供想象力和专业知识。贝杰特里奇简洁明了地说:"这从来都不是关于我们的。我们是赋能者。"

为了帮助企业找到支持其目标的机会,贝杰特里奇让她的团队成员充当与其他部门沟通的桥梁。一个人负责发布关于产品更新的帖子,将这些帖子定位为与产品部门建立和谐关系的工具。另一个人致力于网络社群的审查,这是培育与支持部门合作关系的绝佳机会。通过主动与公司的其他众多部门建立联系,贝杰特里奇发现,揭示企业目标的对话不断发生。

找到了支持企业目标的机会之后,下一步是精心制订与需求相符的、由网络社群引领的计划。在"快速成功"的情况下,最佳解决方案是经过时间检验的、简单的网络社群互动技巧。相比之下,当某个部门描述了一个宏大而复杂的目标时,它需要一个定制的网络社群计划。在制订解决方案的过程中,需要对话和协商。网络社群团队应当提供前瞻性的建议,以推动事情的发展。他们还必须倾听意见并有所创新。贝杰特里奇的团队与营销部门合作,以便根据新的信息来产生对话。随后,营销部门见证了这种对话的质量和搜索流量。后来,他们主动接近网络社群团队,希望参与更多的活动。能够通过合作项目来建立信任,是网络社群管理的关键。

跨部门的合作伙伴并不知道你的网络社群中有哪些事情是他们深切关心的。一旦网络社群团队了解了其他部门的目标和优先事项,他们就能够利用自己对网络社群的深入了解来确定哪些知识值得分享。

- 在战术层面,网络社群团队应当分享至关重要的信息。产品团队希望第一时间听到他们推出的全新的产品功能会不会在移动设备上运行缓慢。客户成功团队想了解某位大客户是不是遇到了困难。
- 网络社群团队应当搜寻有价值的奇闻轶事。市场营销团队是想将一篇具有很高浏览量的帖子改编成一个案例研究,还是想邀请该帖子的作者在某次网络研讨会上演讲?服务团队是否希望将这种具有创造性的和简单的用例添加到客户引入环节?
- 几乎所有部门都重视主题和趋势。相关主题和趋势可能是围绕某个功能的活动逐渐增加、关键人物角色的注册人数增加,或者关于某个功能即将下线的评论。

网络社群团队在过滤和处理网络社群中始终存在且不断变化的活动

CUSTOMER COMMUNITIES

时，跨部门的支持必不可少。各部门甚至可能配置了自己的网络社群分析工具，以便更容易地提取相关信息，或者提供即时报告。利益相关方会觉得网络社群的存在不仅对他们的计划有益，而且会让他们收到意想不到的、宝贵的见解。此外，他们认为网络社群并不是混乱和潜在风险的代名词。如果有什么重要的事情在网络社群中被提出来，他们能够第一时间得知。

可以利用指标来增强跨部门的支持。"帖子数量增加了 35%"这样的表述比"关于××功能，活动所有增加"这样的表述更有影响力。利益相关方希望看到他们的价值循环指标，以及他们关心的计划中活动的数量与质量。领导层想了解网络社群的健康状况和发展情况。指标有助于所有部门及组织的各个层面都看到、解释和相信，网络社群中的活动正在有序地开展。

为了确保顺利地获得跨部门的支持，最后一项策略是加强对话和交流。贝杰特里奇每季度都会非正式地拜访 Zapier 公司的领导层。她与他们建立联系，了解他们的目标，倾听他们的重大举措。她可能会提供一些关于网络社群团队如何帮助公司的建议，而且双方可能会在各个计划的创意上进行合作。贝杰特里奇还会和 Zapier 公司的领导层分享来自网络社群的新闻，无论是关于平台和计划的进展的新闻，还是关于发展趋势和衡量指标的新闻。由于这些对话，她甚至被 Zapier 公司的一些部门邀请参加定期的领导层会议，因此她的网络社群团队在对方的会议中始终占有一席之地。她的团队在战术层面构建了跨部门沟通的桥梁，而她在管理层面做好补充工作，并确保企业高管层始终支持她。"他们忙得不可开交，而我也做好了我的工作。他们知道我们的存在。他们是我们网络社群的强力支持者。"

网络社群管理技能

假设你已经成功地让每个部门都参与到价值循环和验证循环之中。你找到了代言人，迅速获得了成功。你正在将网络社群整合到每个部门的计划之中，以便实现各部门每季度的目标。你火力全开！但是，你仍然需要一个团队来实现这一切！在创建一个生机勃勃的网络社群，并将它导入每个部门的业务目标之中时，你需要一系列技能和组织结构。

计划领导力

要推出支持其他团队目标的计划，你的网络社群团队成员需要拥有建立跨部门关系和通过影响力来领导他人的能力。他们还需要足够了解网络社群的管理，以便为计划提供具体的想法。创造力和实验精神有助于他们精心设计定制的计划。最后，他们需要具备用于衡量计划是否成功的技能。

网络社群领导力

如果没有一个充满生机的网络社群来吸引客户互动，即使是独创性的计划也毫无用处。因此，网络社群团队必须从总体上培育网络社群。例如，需要设计新会员的引入体验，并确定这种引入体验是否聚焦于当前最重要的事情。因此，网络社群团队必须了解网络社群的运行是否健康，如何测评网络社群的健康程度，以及如何制订战略计划来加以改进。

引导

在运行网络社群计划时，你的引导者会持续不断地寻找各种机会来提醒那些合适的人，让他们发布有趣的信息或讨论问题，或者提供一些善意的"煽动"。例如，"你应该写一篇关于那款产品/那项服务的帖子，人们会喜欢它的。""人人都在谈论这个主题，我们应当举办一场网络研讨会。""让我深挖一下最近的帖子，看看谁看上去是那项功能的专家。"他们以一种热情、真诚、自然的方式促进对话，而不像广告那样显得很不自然。引导者的工作还包括审查：当活动对网络社群不利或违反了网络社群的准则时，他们会进行优雅的干预。

网络社群运营

当网络社群团队构想了一种与网络社群互动或在团队内部互动的方法时，他们需要发明一些工具来实现这一方法。他们需要熟悉软件、数据、衡量成功的指标、网络社群团队和其他部门的工作流程、你的文档及网络社群的最佳实践。

团队可以是一个，也可以是多个

来自 Gong 公司的尼莎·巴喜是一名优秀的网络社群员工。她具备计划领导力、网络社群领导力、引导及网络社群运营等诸多方面的技能。她不仅能够评估整体大局，还能够完成细致而繁重的工作，包括与内部利益相关方、网络社群成员及潜在成员进行不可扩展的、一对一的互动。

在第一次招聘时，你可以选择着重强调哪些技能。例如，网络安全公司的客户可能对互动持谨慎态度，因此网络社群团队需要具备出色的引导技能。或者，如果网络社群的侧重点是提高产品质量，你可以把网络社群团队放在产品部门，并且降低你对跨部门计划领导技能的标准。

在第二次甚至之后的招聘中，你需要招聘具备出色的引导技能的网络社群主管。他们要么是通才，对你的各个计划都很了解，要么专注于网络社群审查、内容创作、游戏化、超级用户、代言人或网络社群中的某些板块。你的需求将随着第一批招聘人员到位后在工作过程中显现出来。

在创建网络社群运营角色之前，你很容易犯的错是等待太久，迟迟不行动。留意类似下面这些现象：团队成员花了太多时间，只是为了完成工作任务，或者从来没有时间做报告或升级社群平台等。网络社群运营专家会将团队从弱流程和弱工具的拖累中释放出来。除了专家在软件、数据及其他许多方面的专业知识，你还可以寻找出色的系统思维、解决问题的建设性方法、流程设计及授权。这些专家将承担管理网络社群平台和报告等基本职责。他们还会发现并解决效率低下的问题。这样一来，团队中的每个人都会变得更加高效。他们将帮助你评估网络社群的影响力，并因此证明你的网络社群预算的合理性。

网络社群团队职责的演变与网络社群自身的演变和发展是相匹配的。要详细了解关于如何在不同的成熟阶段培育网络社群的建议，网络社群团队可以参考理查德·米林顿的《网络社群热潮》（*Buzzing Communities*）等。

由谁掌控网络社群

是时候面对现实了：对你的网络社群来说，公司内部各个部门可能都参与了互动，他们对网络社群充满了热情，但是网络社群团队必须由专人负责。到底由哪个人或哪个部门负责呢？这个问题没有一个固定的答案。最相关的部门最适合制定网络社群战略，评估网络社群的影响，并与关键任务的利益相关方建立关系。

| CUSTOMER COMMUNITIES

独立的网络社群机构由高管掌控

少数几家公司创新地设置了首席网络社群官这一岗位，还有一些公司设置了一个级别较低的网络社群领导者，直接向 CEO 汇报。这些公司不愿意将天平向产品团队、营销团队、客户成功团队或支持团队等倾斜。虽然新的网络社群不可能一夜之间造出一个罗马城来，但独立的部门最适合制定全面的战略，以便将网络社群的影响转移到公司最需要的地方，并最终在所有领域都变得强大。这种结构要求 CEO 主动给予支持，以获得公司所有部门的认可，因为没有哪个部门愿意主动支持网络社群，除非该部门是网络社群唯一的受益者。

由产品团队掌控网络社群的情形

你将收集大量关于产品的反馈，从"这是一个漏洞吗"到"我需要做某件事，但这是不可能的"，再到根本不切实际的概念。客户对产品变更的反应是即时的。他们会觉得自己的需求影响了产品的发展路线图。产品经理会优先考虑并设计更符合客户需求的改进项。

在公司初创时期，由产品团队掌控网络社群是有道理的。尽管如此，根据我们的经验，几乎每个网络社群都有着比产品团队更广泛的目标，因此，即使网络社群中围绕产品的互动有很多，也要由产品团队以外的团队来掌控网络社群。

由营销团队掌控网络社群的情形

根据我们的经验，在大约 1/4 的公司中，网络社群是由营销团队掌控的。期待专业、准确地描述企业面临的挑战，是你的目标市场给你带来的最大负担。如果由营销团队掌控网络社群，那么在网络社群中人们将广泛讨论用例，因为网络社群将吸引非客户也参与到对话中，这些对话是由网络社群主管促成的，他们并不是产品专家。深入了解产品的功能将变得很困难，甚至变得完全不可能。你将在市场中赢得更大的尊重，并且创造大量的代言和案例研究。网络社群将产生和培育潜在客户，使销售周期运行得更快。

由客户团队掌控网络社群的情形

我们发现，3/4 的网络社群是由客户团队掌控的。如果将网络社群设置在客户成功团队，网络社群将最关心客户可以做什么或应当做什么。这可能与某项功能相关（如"你如何使用这项功能"），与整体用例相关（如"你如何使用这款产品来帮助你实现某个业务目标"），与并不涉及产品的客户成功相关（如"你们今天都在关注什么""有谁认识我们空缺岗位的候选人吗"），甚至与职业建议相关（如"你会推荐什么在线课程"）。这减轻了你的客户成功管理部门的工作负担，甚至提供了灵感和可靠的建议，这些灵感和建议超出了客户通常从你那里得到的。

如果将网络社群设置在支持部门，那么网络社群中的讨论将聚焦于对战术层面产品问题的被动回答，包括对产品功能的解释、疑难问题解答，以及如何为了某个特定目标而使用产品的建议。这将减轻支部团队的工作负担，而客户甚至不必麻烦地提交工单就可以得到问题的答案。这种情形包含的灵感最少。

换句话讲，网络社群的职责可以分布在各个团队之中，但必须有一个核心的网络社群部门。这就是艾丽卡·库尔的亲身经历。她说："现在，在 Salesforce 公司，网络社群的代表遍及许多不同的部门。这些部门的人不是我的直接下属，不向我报告，而向他们各自的业务部门领导报告。但是，我的关键绩效指数和他们的一致。他们的成功和管理由我负责，但他们从

| CUSTOMER COMMUNITIES

网络社群中为各自的部门获得了所有的价值。没有人再问：'网络社群是我的工作吗？'这是他们的工作。这根本就不是一个问题。"

柏尚风险投资公司合伙人塔里亚·戈德伯格最后总结了一些智慧："如果你的网络社群主要面向客户，它应当设置在客户团队中，无论是设置在客户成功团队中、支持团队中，还是宽泛地由首席风控官来管理。如果你的网络社群极为宽泛，并且比客户群体大得多，或许可以将它设置为一个独立的部门，也可以设置在营销团队中。"

谁对网络社群可能产生的影响最感兴趣

网络社群管理对你的企业而言是一个新课题。有时候，它使人感到奇怪、模糊，有种摸着石头过河的感觉。哪位领导者对网络社群可能产生的影响最感兴趣呢？这种信念将带领他们度过一段不确定的时期（这种不确定性在做一些新的事情时会自然而然地产生），特别是网络社群的影响需要经过一段时间才能显现出来。领导者也不太可能让全体员工一下子都参与网络社群的事务，他们更有可能建议某个人为网络社群团队提供一个机会，并且倾向于支持网络社群中所有其他微小的决策，这些决策累积起来，将产生真正的影响。最后，对于网络社群团队成员，要将他们的潜力发挥出来并实现成功，需要时间和创造力。他们将面临很大的压力，甚至需要说服他们的管理层相信网络社群的潜力，否则他们很难有时间来做这件事，或者难以发挥自己的创造力。

将你的整个公司与网络社群联系起来

即使网络社群由某个单独的团队掌控，它也应当是一项跨部门的工作，并且是公司的一致战略。Cvent 公司首席营销官帕特里克·史密斯说:"我努力做的一件事情是,不能让网络社群变成营销部门的事,而要向全公司所有部门推广。我需要组织其他部门(特别是产品部门和客户成功部门)对服务水平协议①做出承诺,承诺他们愿意做出贡献,并主动与我们一起管理网络社群。因为虽然它是由营销部门驱动的,但它的内容远远超出了营销部门的范围。"

任何一个新的网络社群都有被挤到某个孤立角落的风险,如果是这样,网络社群团队只能请求同事们的关注和互动,并且眼睁睁地看着客户和潜在客户的热情逐渐流逝,变得遥不可及。因此,网络社群的所有权应当归属全公司。网络社群空间的职责取决于你的网络社群团队。你招聘人员后,打算将他们作为跨部门协调人、联系人、领导者等来培养,无论他们属于哪个团队。如果他们干得好的话,你会发现整个公司的领导者都会对网络社群带来的好处感到兴奋不已,公司中到处都是关于网络社群如何帮助他们实现目标的各种想法。

迄今为止,我们主要探讨了网络社群的建设。但在这个世界上,除了线上平台,还有更多线下平台。在第11章,我们将阐述线下社群建设如何加强你的更广泛的网络社群计划。

---

① 服务水平协议也称"服务水平承诺",是国际通行的电信服务评估标准,是一种由服务供应商与用户签署的法律文件,承诺只要用户向服务提供商支付相应的费用,就有权享受服务供应商提供的相应服务。——译者注

第 11 章

法则 7：线下社群的重要性超出你的想象

通过线下活动来增强网络社群

第 11 章 法则 7：线下社群的重要性超出你的想象

在本书的开头，我们探讨了许多人作为客户都曾经有过的一些对真正的线下社群感到异常兴奋经历。例如，在当地的咖啡馆参与社交，在球场上观看最喜欢的运动队比赛，或者听一场明星音乐会。在这类社群中，有一些特别的东西：神奇的人际关系。

网络社群在规模、个性化、访问和包容等方面具有不可思议的力量。虽然我们分享了自己对这种力量的见解，但我们还认识到，没有什么比线上社群和线下社群的融合更强大的了。

为什么你需要关注线下社群？难道"活动"不是一个已经过时的概念吗？在我们的经验中，人与人之间的活动比从前更加重要，更有影响力，原因有以下几个。

- 联系。尽管线上跟帖、关注和点赞可以让你的大脑暂时产生多巴胺，让你高兴高兴，但即使是最新的科学技术，也没有办法复制真人微笑的温暖、握手的感觉或拥抱的舒适感。在法则 10 中，我们将探讨如何将企业文化和价值观构筑到网络社群之中。如果你的社群在现实生活中就是大家一同欢笑、一同学习、共同进步，那么，这种做法的威力将更大。让你的客户在现实中聚会，他们会更经常地联系。
- 专注。科技的世界让人们比从前更容易分心。人们常说："对不起，请等一等，我得看一下我的手机，回复一条信息。"我们在和同事及客户的视频会议中都看到了这种现象。每个人都在想方设法假装集中注意力，但大多数人其实都在拼命打字，把大约 10% 的大脑活动能力花在了手机聊天上。结果，虚拟活动、网络社群和数字化的欢乐时光都在争夺一样东西：人们的注意力。相比之下，把你的客户锁在一个房间（这只是一个比喻）思考某个主题，将对他们未来的行为产生深刻的影响。

- 错失恐惧症。线下活动最美妙的方面在于，每位参与者都能看到其他所有人，并想："如果这些伙计在这里，我应当会集中注意力。"对于这种现象，一个不太科学的术语是错失恐惧症。总体而言，企业建立社群是为了推动客户采取行动，无论是购买产品、采用服务，还是从供应商那里获得更多价值。如果你的客户在一个拥挤的房间里，他们会觉得自己应该做更多的事情。

我们想表达的是，重点并不在于线上或线下，而在于将两者神奇地结合起来。

在 Gainsight 公司，我们早期主要通过各种类型的面对面活动来发展公司。在这个过程中，我们研究了其他行业领军者的线下社群战略，如 Salesforce 公司、Marketo 公司、Gong 公司等。我们分享了针对线下社群的战略分类方法，然后为每项战略提供大量的"专业指示"。

但在我们介绍这些内容之前，先带你了解一个"大点子"。

大点子：改变你的"为什么"

在 B2B 公司，活动并不是一个新概念。你很可能有过这种不舒服的经历：你在展会上浏览，被展位工作人员搭讪，收到许多塑料做小礼物，等聊天结束，你会把这些小礼物扔掉。展会结束后，你会收到数百封垃圾邮件。接下来，你会参加一些枯燥的小组讨论，每个人都同意对方的意见，演讲者朗读着幻灯片中的内容，幻灯片使用的都是六号字体，并塞满了动画和剪贴画，但没有任何实际意义。议程安排得太过紧凑了，以至于你无法做你真正想做的事——和他人会面。

为什么大多数 B2B 活动都很糟糕？答案很简单：它们提问了错误的

第 11 章 法则 7：线下社群的重要性超出你的想象

"为什么"。

大多数 B2B 公司将活动视为一种营销战术。营销人员在活动中寻找潜在客户。因此，他们以举办大会为借口，主要目的是获得你的电子邮件地址。他们只邀请了潜在客户，因为他们心想："我们为什么要把时间浪费在老客户身上呢？"他们毫不掩饰地将创作的内容当成销售说辞。接下来，就像其他公司的营销人员一样，他们找到一个毫无特色的低价场所，运用呆板的"剧本"，依葫芦画瓢。当他们得到了他们期望的东西，即关于潜在客户的虚假指标后，就会为一场"成功的演出"相互击掌庆祝，并且做好来年的计划，打算一年之后再次这么做。而大部分所谓的潜在客户甚至都没有意识到他们把自己的电子邮件地址给了别人。

还有另一种对待活动的态度："社群优先"的企业领导者（也许和你一样）会从长远着眼。他们意识到，必须先付出才能有收获。活动并不是获得客户电子邮件地址的一种战术性和业务性方式。它们是一种渠道，可以为客户提供他们最渴望的联系、学习和灵感，从而为客户提供价值。举办活动可以让企业从战略视角看待客户。

如果你的客户认为你有战略眼光，他们会：

- 迅速从你这里购买产品或服务。
- 从你这里购买更多产品和服务。
- 长期和你并肩战斗。
- 成为你更热情的代言人。

为了使本章的内容变成真正意义上的行动指南，使你可以根据它来采取行动，让我们带领你回顾前文阐述的关于活动（包括大型活动、中型活动和小型活动）的内容，并且将我们最好的"专业建议"包含在其中。

| CUSTOMER COMMUNITIES

从小活动开始：午餐和晚餐

听到"活动"这个词，你可能会想："我还没做好准备。"你可能会想到 Salesforce 公司"梦想的力量"大会，它有成千上万名参加者。或者，浮现在你脑海中的画面是超级碗比赛。

如果我们建议某人着手组建一个社群，并启动线下工作，我们会说："先吃顿饭吧。"

多年来，我们在 Gainsight 公司举办过成百上千次餐会，早餐、午餐和晚餐都有，将我们的目标受众（客户成功领导者）聚在一起。

我们举办这些聚会的目的基本一样：聚集兴趣相投的个人，以便他们相互联系和学习。就是这样。但如果你采访最终购买了我们公司软件的客户，就会发现，他们中的很多人会把活动当成他们与我们合作的价值中的一部分。他们希望加入我们的社群。

尼克是出了名的"细节狂魔"，因为他认为，细节是营造合适氛围的重中之重。以下是我们的"专业建议"清单。

场地

- 如果可能的话，挑一个私密的房间，以便你们进行对话。
- 要求员工把音乐声音调小或关掉音乐。
- 挑选的房间的布局要合理。如果是小型晚餐聚会，在房间里布置一张能容纳 6~8 人的圆桌就可以了。如果是大型餐会，可以在房间里布置一张能容纳 10~20 人的长桌，但不要太大，否则你们无法进行对话。

邀请

- 深思熟虑地确定邀请名单。设法挑选来自类似公司或岗位的人，以便举行高质量的对话。我们使用领英网站来过滤与会者的所在城市及头衔。
- 经过一段时间的测试，算出你要邀请多少人才合适。对我们来讲，如果我们想举办有 10 人参加的活动，可能会邀请 50 人，预计 15 人会确认，10 人会真正来参加。
- 考虑由你公司的高管兼活动主持人发邀请函，而不是由营销部门或销售部门发邀请函。例如，如果是尼克举办的活动，邀请邮件就由尼克发出。
- 我们会让受邀者回复邀请者（如尼克本人及他的行政助理）。如果让他们使用 Web 表单来登记，就显得我们与他们没有那么亲密了。
- 在邀请函中应包含基本的后勤保障细节和大致的日程安排。
- 对那些没有回复第一封邮件的人，考虑发出第二封邮件。在这封邮件中，列举一个迄今为止已回复邮件者的清单。告诉他们，不要错过，一切为了胜利。

议程

- 大家坐下来之后，我们尝试作为一个团体来讨论一次。
- 我们总是首先提出一个"破冰"问题。例如，"你们童年时代的梦想是什么？"
- 然后，我们一般会根据活动的主题确定几个话题。
- 最后，我们常常用"一个词的总结"来结尾，也就是说，让每个人用一个词来描述其对这次活动的感觉。唯一的规则是，不能重复别人的词。

主持

- 这是最重要的部分，不管由谁来主持，他都要实际担任主持人。
- 主持人应当提前到场，欢迎客人，并且在客人入座前和他们聊天。
- 主持人应当仔细考虑座次安排，把关键的潜在客户安排在与之有关联的、满意的现有客户身边。
- 我们建议请每个人在晚餐聚会期间进行一次对话，从自我介绍和破冰的寒暄开始，再转向实质性内容，最后做出总结。
- 我们渴望让所有人都发言，并努力创造机会让每个人都能发声。

活动结束后

- 我们会发送一封跟进的感谢信，信中包含一些最新且相关的博客帖子。
- 我们会设法挑出一些笔记，并创建一篇社交帖子，帖子内容包括大家的学习情况，并附上活动照片。这样可以放大活动的影响，吸引更多的人未来参与类似的活动。
- 最后，作为小小的奖励，我们有时候会记下人们对破冰问题的回答，并发送与主题相关的礼物。直到今天，仍有一位客户清楚地记得，在他说了他的童年梦想是做一名邮递员之后，他收到了我们赠送的一套由美国邮政署发行的万圣节套装邮票。

第 11 章 法则 7：线下社群的重要性超出你的想象

外包：聚会

在创建你的社群时，请考虑让社群放大你的活动策略的影响力。在消费者的世界，这是 MeetUp.com 和类似网站存在的整个前提。

在 B2B 的世界，你可以识别每个城市中的拥护者，并且授权给他们，让他们成为你的形象大使。只要餐饮预算充足，再加上每个月都有一名形象大使自愿提供空间和时间，你的计划就能更好地实现成本效益。

在 Gainsight 公司，我们将大型活动品牌（"脉冲"大会，下文将详细介绍）延伸至"本地脉冲"，让数十个城市的客户成功拥护者在他们的办公室举办关于客户成功的本地聚会。这创造了真正推动社群发展和建立信任的有机对话。

升级：亲密的高管活动

2013 年，我们举办了一年一度的"脉冲"大会。虽然刚开始大会规模很大，但最终我们决定缩小规模。2015 年，我们推出了"首席客户官峰会"，现在称为"脉冲 CXO"。

这一概念的灵感来自一个团体，尼克是其中的一员。这个团体是青年总裁协会。青年总裁协会是一个世界性协会，在该协会中，当地的 CEO 团体每个月聚会一次，在保密和坦诚的环境中公开分享。对尼克来说，青年总裁协会是他职业生涯中最具变革性的社交活动。因此，尼克和安东尼·肯纳达提出："我们是否可以向首席客户官提供类似的服务？"肯纳达是我们当时的首席营销官。

CUSTOMER COMMUNITIES

俗话说："高处不胜寒。"这对你的 CEO 来说是真的，对你的销售对象的高管利益相关方或决策者来说也是真的。在我们的案例中，首席客户官是一个新岗位，关于该岗位的说明书还没有明确下来。首席客户官的公司并不完全了解他们在做什么，他们的家人也不了解。最重要的是，他们常常感到孤独。

我们将"首席客户官峰会"当成一个试验，目的是将青年总裁协会的精神传达给首席客户官。我们与尼克在青年总裁协会认识的一位协调人（名叫卡蕾·克莱姆普）合作，召集了大约 50 名首席客户官，在加利福尼亚州的门洛帕克市举行了首次峰会。我们的想法是这次峰会采用"非会议"的形式。

在为期一天半的议程中，我们只有 2 小时的"主阶段"内容来确定基调。在剩下的时间里，由一些人负责管理一个小组，该小组由精心挑选的 6~8 名首席营销官组成，讨论他们都在纠结的话题——组织结构、薪酬、预算等。这些都与 Gainsight 公司没有关联。但是，所有人都建立了信任，创建了社群。

说到社群，多年来，我们尝试将公司的价值观带到以下这些活动中。

- 一场慈善性质的迷你高尔夫障碍赛（你必须到场）。
- 一次绘画活动。
- 建立信任的练习。
- 团体冥想。

你的反应可能是"我的客户绝不会做这些"，我们原先也是这么想的。但是，将"以人为本"的精神带入这些活动，会将这些活动从商业会议变成更有意义的东西。我们从 2015 年开始每年都举办这一活动（仅在疫情防控期间暂停）。每次活动结束后，我们都会使用 NetPromoter 系统来评价活动。每场活动都获得了 90 或更高的净推荐值，这超过了全球平均水平。我们认为，这主要归功于该系列活动的精神和氛围。

扩展：路演

有时候，你有一个很好的创意，想把它放在路演中。社群建设工作在一次性晚餐聚会和活动中进行，但有时一系列活动也可以激发社群的改变。路演是扩展你的活动策略的一种强有力的方式。利用这种方式，你可以确定一个社群感兴趣的主题或话题，并将其传播到你的目标市场。从理论上讲，路演很简单，它只是一系列活动。但在实践中，细节很重要。

多年来，我们举行过多次路演，但让尼克最引以为傲的那次可能包含一些偏见。2023 年，泰勒·斯威夫特开始了她的时代巡回演唱会。作为一种致敬，Gainsight 公司的创造性现场活动团队创建了 Gainsight 公司 ERAS 之旅，ERAS 是指扩展（Expansion）、留存（Retention）、采用（Adoption）和成功（Success），这是大多数客户成功领导者的 4 个优先事项。Gainsight 公司的 ERAS 之旅围绕客户成功领域的最新主题，以一个有趣和及时的主题来团结客户成功社群。

多年来，我们从经验中总结了以下几点。

- 和其他活动一样，路演主要的价值主张是建立人脉。因此，要推销与同行们在同一趟旅程中见面的机会，并在议程中留出空间，使建立人脉成为现实。对我们来说，这意味着在创作完主要内容并讨论之后，仍有充足的时间让人们进行社交。
- 在这一点上，我们认为，内容只是引发讨论的"诱饵"。比起 3 小时的演讲，我们选择 3 小时的社交活动，其中创作内容的时间少于 1 小时。

- 每个城市和国家的情况可能都不同，但我们发现，对客户来说，晚吃早餐的社交效果不如晚吃晚餐的社交效果，后者往往意味着更多的承诺和取舍。
- 品牌和孩子般的欢乐再次创造了能够促进开放的氛围。
- 我们鼓励破冰交流，并安排好座位，确保对话顺利进行。

"大人物"大会

我们之所以把这一点留到最后来讲，是因为举办自己的大会听起来似乎有点吓人。对我们 Gainsight 公司来说，这是一个意外。

我们在 2013 年创办公司时，从事的是一项全新的工作，涉足的是一个全新的领域：客户成功。我们在办公场所举办聚会，用有限的资金从杂货店买来最便宜的酒和奶酪招待客人。尽管设施简陋，但我们将近 300 平方米的办公场所挤满了人。在这个新领域，人们对建立人际关系的需求达到了前所未有的水平。

于是，我们的首任首席营销官安东尼·肯纳达对尼克说："让我们举办一场活动，真正的活动。"我们的宏伟目标是有 100 人参加，所以我们在旧金山租了一间小型酒店宴会厅来举办首届"脉冲"大会。当 300 人来到现场，导致消防队不得不介入时，我们知道，我们做对了。

经过多年的发展，"脉冲"已经成为一个传奇的系列活动，并发展成为客户成功行业的标志性盛会。一路走来，我们学到的东西足够写一本书，不过下面我们只分享其中一些独特的经验，因为你可以在网上找到

第 11 章 法则 7：线下社群的重要性超出你的想象

大量关于活动策划的资源。

（1）活动名称无关紧要。你可能注意到，我们的活动名叫"脉冲"大会，不是"Gainsight 大会"。这是我们有意为之。我们希望将我们的品牌与社群区别开来。我们也希望"脉冲"这个名字的背后有一个更好的故事，但实际上它就是听起来有点酷。打造一个独立品牌的想法给我们的客户留下了一种不同于"供应商会议"的感觉。

（2）社群第一，业务第二。如果你参加一场典型的供应商大会，通常会看到 CEO 站起来欢迎与会者，然后迅速开始销售宣传。在"脉冲"大会上，欢迎辞的主题都是关于客户成功这个行业的，包括关于行业增长的统计数据、最佳实践，甚至参会人员会通过碰拳来建立联系。在这一点上，尼克总是重申"脉冲"大会的目的，即创建一个社群，帮助行业中的人与同行联系，从中受到启发，减少孤独感。

（3）社群内容。说到社群，许多供应商会议的议程中充满了关于产品销售宣传的内容。我们不同。我们请社群提交一些围绕客户成功的工作的话题。因此，多年来，"脉冲"大会的议程涵盖了薪酬、组织结构、招聘和许多其他主题，与我们的软件无关。

（4）疯狂的内容审查。与此同时，由于"脉冲"大会是我们自己举办的，所以我们必须确保其标准是一流的。我们对演讲者有着严格的要求：公司简介要精简；幻灯片要简洁明了；要留出时间进行疑难问题解答；要使演讲内容幽默有趣；要具有互动性。多年来，我们做了很多事情，从提供专业的演讲者培训到让尼克审查每次会议。直到今天，尼克还会要求每位演讲者制作一段 2 分钟长的视频，将他们所讲的概念浓缩在其中，以便他提供反馈。

（5）带着激情。重要的不是你说了什么，而是你怎么说。在首届"脉冲"大会上，尼克走上演讲台，问大家："谁很兴奋？谁在燃烧激情?"最后,"谁在燃烧激情"成为"脉冲"大会的正式座右铭,甚至有人将它改编成一首关于客户成功的同名原创说唱歌曲。你可以在 Spotify 网站上下载它,你可能成为下一个播放它的人。而最初播放它的 9 个人是尼克的家人。但是,"燃烧激情"正是我们在"脉冲"大会上所追求的。我们希望每位演讲者都将激情带到演讲台上,因为激情是可以感染他人的。我们试图用暖场音乐和流行音乐节目的主持人来放大这一点。但核心是,如果公司充满了激情,观众就会激情满满。

(6)为社交留出空间。说到这一点,人们对"脉冲"大会充满热情的主要原因之一是离开观众席,来到走廊。多年来,"脉冲"大会已经成为客户成功专业人士聚会的地方。随着人们不断更换工作,这个大会对他们来说是一种重新联系彼此的方法,也是建立新关系的方法。重要的一点是,大会议程中安排了许多中途休息环节。但最重要的是,我们建议开展结构化活动,如带着话题(让人们自己选择)坐在一起共进午餐,或者组成兴趣相投的小组,小组成员可以与志同道合的朋友深入交流。此外,活动网络技术在这方面也可以提供帮助。

(7)收费,从而迫使自己提供价值。在"脉冲"大会上,我们向与会者收费。我们推行这一政策的原因是:这并不是一场供应商活动,人们会从大会中获得专业价值,因此他们应该为此付费。这迫使我们必须真正提供价值。除此之外,这也使我们有一定的预算来举办一场不可思议的大会。

(8)后勤保障很重要。虽然我们说在这里不会探讨后勤保障的问题,但在"脉冲"大会上,我们会强调后勤保障的重要性。"脉冲"大会也出过岔子,如咖啡不够了、注册系统崩溃了、室内的温度太高或太低了。这些都是能够解决的问题,也是对活动的成功举办至关重要的问题。

（9）孩子般的快乐——"为了胜利"。现在开始介绍"脉冲"大会最独特的部分。我们总是在活动中表达孩童般的快乐。这创造了一种同志情谊，抓住了社群的本质。多年来，这一点以许多不同的方式表现出来。

- 尼克在演讲台上表演我们创作的说唱歌曲（他的说唱生涯刚开始便结束了）。
- 一场以 20 世纪 90 年代为主题的活动，背景根据美剧《老友记》中的"中央咖啡馆"来布置。
- 一场在大型航空母舰上举办的派对。
- 一场由著名艺人带来的令人惊喜的表演。
- 无数恶搞视频，这些视频受到了泰勒·斯威夫特、迪士尼等的启发。

（10）脆弱感可以加深联系。尼克在开场介绍中试图引导观众放下戒备，做真实的自己。每个人的生活都不容易，没有人是完美的。为了培育这种观念，尼克每次结束自我介绍时，都会选择一个关于脆弱感的话题，在数千名他最亲密的熟人面前表现出他脆弱的一面。他曾经公开谈论童年时的孤独感、抑郁、他父亲的痴呆症，以及他对女儿长大和毕业的伤感等。布芮尼·布朗[①]曾告诉我们，脆弱可能是我们最大的优势，这一点已经在"脉冲"大会上得到了证明。

我们在前文提到过，关于"脉冲"大会及我们所有的线下活动，足够我们写一本书了。但我们希望通过本章能让你明白线下活动的价

---

① 布芮尼·布朗是美国休斯敦大学研究院教授，畅销书作家。她在 TED 上的演说《脆弱的力量》是 TED 前五大最受欢迎的演说之一，拥有超过 1800 万人次的点击量。她的两本书《脆弱的力量》与《不完美的礼物》曾荣登《纽约时报》畅销书排行榜冠军。——译者注

值，为你提供一些指引，以帮助你开始社群创建活动，并将其提升到更高水平。

线上和线下的互动，无论从概念还是从实践来看，都是相辅相成的。毕竟，你要如何宣传推广你的活动并让与会者注册呢？你又要在哪里分享你的后续感想和宝贵内容呢？实际上，这些工作主要在线上完成。尽管大部分体验依然是碎片化的，我们还是想鼓励你在客户中枢中将它们综合起来。而这正是第 12 章要探讨的内容。

第 12 章

法则 8：在一个客户中枢中将所有的东西联系起来

通过整合互动和内容防止客户体验脱节

| CUSTOMER COMMUNITIES

　　让我们虚构一家名叫 Logo Ipsum 的 B2B 公司，该公司提供一系列营销产品，而你是一名用户。你试图搞懂如何发起一场电子邮件营销活动，以便引入新的客户。但你陷入困境了，不知道从哪里开始，也没有任何具体的例子来说明一场优秀的客户引入活动应该由什么组成。

　　你决定搜索这家公司的知识库，这是你通过产品中的链接发现的。通过快速搜索，你看到了一篇客户支持文章，概述了如何构思首场电子邮件营销活动。太好了！然而，知道怎样过滤受众并确立规则是一回事，知道如何构建一场优秀的营销活动则是另一回事。

　　因此，你决定在网上搜索一番。于是你发现，Logo Ipsum 公司还有一个生机勃勃的网络社群，里面有一个专门的板块，在这里，人们围绕电子邮件营销活动分享最佳实践。通过进一步搜索，你找到了一篇 Logo Ipsum 公司的博客，原来该公司分享了一篇题为"卓越电子邮件营销活动的 3 个示例"的文章。在博客的侧边栏，你看到一个指向 Logo Ipsum 公司活动门户网站的链接，而且非常巧合的是，该网站介绍了一场即将举办的网络研讨会，其中有一个关于如何构建卓越营销活动的教程。

　　由于你知道产品团队有多么重视客户的反馈，于是你决定也在 Logo Ipsum 公司的外部创意门户网站上分享一个点子，以提供一系列飞轮式电子邮件营销活动，让未来的客户可以照此运行。几个月后，你收到一封来自 Logo Ipsum 公司（产品）营销团队的电子邮件，得知他们已经将你的点子付诸实践了。多酷啊！

　　你可以想象，这种情景在现实中并不存在，原因有几个。首先，大多数客户不会像这个故事中的你那样执着。他们可能会联系企业的支持团队或客户成功经理回答他们的问题。这为客户追求成功设置了另一重障碍，同时增加了团队的工作量，使其更难扩展。更坏的情况是，客户

第 12 章 法则 8：在一个客户中枢中将所有的东西联系起来

可能已经彻底放弃了探索和使用该功能。

其次，在这种情景中，除了执着，你可能还会幸运地发现一些客户成功资源，尽管这些资源是分散的，但分布十分广泛，如一个网络社群、一篇鼓舞人心的博客、一个活动区域、一个创意门户网站，甚至一份产品更新简报。Logo Ipsum 公司是幸运的，你在网上搜索时，搜索引擎将你带到了该公司关于构建卓越营销活动的资源上，而不是将你带到了该公司竞争对手的资源上。即使你尽最大的努力将你的客户成功资源整合起来，它依然使客户旅程变得支离破碎，远远谈不上理想情况。

Unqork 公司网络社群主管丹尼·潘克拉茨一语中的："一夜之间，创建者、客户或合作伙伴收藏的资源数量就会超过 10 个。在通过净推荐值和客户满意度得分收集的反馈中，我们了解到，我们的资源确实很好，但人们难以找到它们，或者不知道该用什么方法来找。"

现在来看另一种情况。假设你为 Logo Ipsum 公司工作，负责客户体验。一直以来，你有一个知识库（如 Zendesk 或 Intercom），客户可以在其中找到一些指导他们如何操作的文章，文章阐述了特定的功能和整合。由于 Logo Ipsum 公司拥有强大的创客群体，你为创客们推出了一个网络社群，让他们在其中分享创意并提出问题。另外，因为人们将 Logo Ipsum 公司当成思想领袖，你的营销团队投入了大笔资金来创作有益的、鼓舞人心的内容，并将这些内容分享在你的博客上。你的客户成功团队希望积极地与客户分享最佳实践，因此定期举办一系列网络研讨会，让同行分享他们在专门的活动页面上推广的最佳实践。你的产品团队使用一个专用工具来获取客户围绕路线图所提的想法，并且依靠营销部门来确保已将产品的功能更新说明发送到客户的收件箱中。

听起来很熟悉，是不是？事实上，假如你的公司提供了具有这种广

| CUSTOMER COMMUNITIES

度和深度的资源以确保客户取得成功，就意味着你的公司已经认识到客户成功的重要性。实际上，这种驱动力在所有面向客户的团队中都是根深蒂固的。然而，你的内容是孤立的，不是精心策划的，并且可能取决于 Logo Ipsum 公司的每个团队是否、何时及如何接触你的客户。

就和上面的例子一样，客户要想了解和充分利用全面的客户成功内容，需要拥有巨大的毅力（他们几乎不可能付出）才能发现，除了知识库中的文章，还有很多有用的资源。这意味着，在大多数情况下，客户更有可能只寻求一对一支持，或者直接放弃。

此外，从 Logo Ipsum 公司的角度来看，客户要么需要极好的运气，要么必须由公司安排好一些严肃而复杂的旅程，才会意识到公司有这样全面的客户成功资源。尽管如此，这依然造成了客户旅程的碎片化，留下了大量尚未得到充分利用的潜力。我们发现，大部分公司都经历过这种情况。

第 12 章　法则 8：在一个客户中枢中将所有的东西联系起来

- 现有的内容是碎片化的，并且没有送达客户。
- 大多数客户的互动是高触感的互动，电子邮件是互动的主要渠道。
- 客户旅程高度碎片化。

筒仓和错位

不管创作的内容质量如何，只要它存在并展现在筒仓中，就会造成客户旅程碎片化，在这种旅程中，客户需要拥有巨大的毅力和运气才能发挥内容的全部潜力。此外，采用将内容放在筒仓中的方法，不仅降低了客户成功的潜力，还会对各团队内部的合作产生不利影响。

你可能会发现以下一些情况。

- 营销团队刚刚发布了一份简报，但他们不知道产品团队最近推出了一款产品，因此未将该产品包含在简报中。
- 客户成功经理告诉某位客户公司不会在短期内投资某项功能的研发，而产品团队对这位客户说他们正在探索这项功能。
- 支持团队必须给予客户大量的支持，原因是糟糕的用户体验导致产品的某些特性可能会阻碍客户对产品的采用，但产品团队从未通过产品反馈渠道听说过用户体验不佳这个问题。
- 产品团队想发布一份产品更新简报，而营销团队已经发布了一份通用的简报，导致没有空间再发布了。

很可能企业的每个部门最终都会与同一位客户交流，或者交流一些仅限于该部门业务范围的内容（如产品反馈、产品支持、客户教育、活动等）。这不仅会导致内部摩擦（如两个部门发送了关于发布日期的不同信息，或者两个团队对同一个反馈的解释不同），还会导致知识和背景被

| CUSTOMER COMMUNITIES

存储在筒仓中，妨碍你的团队深入了解，为客户体验做贡献，并监测客户的行为。

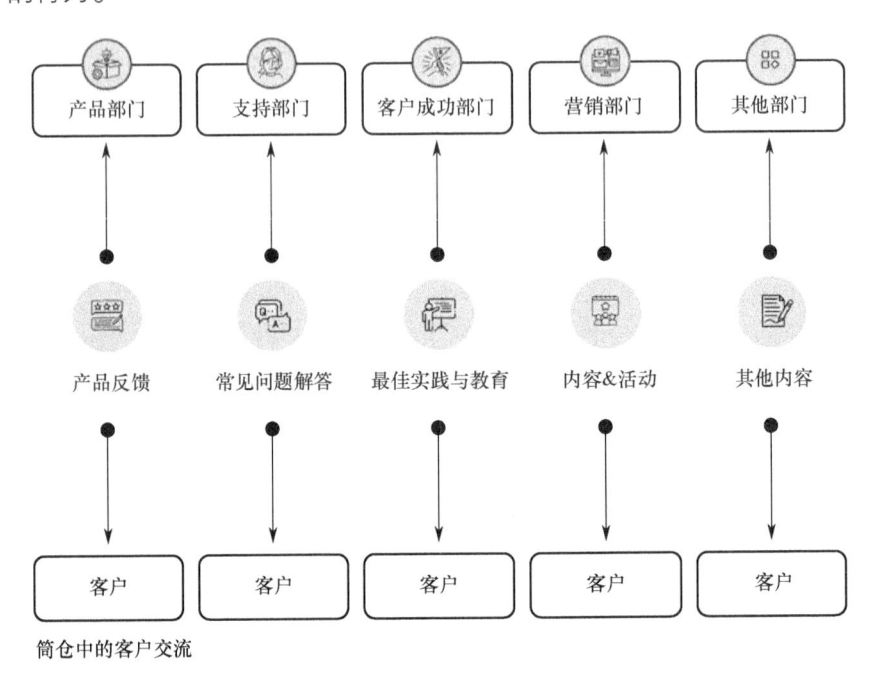

筒仓中的客户交流

将一切综合起来

到目前为止，我们已经确定，客户需要极大的毅力和运气（但他们一般情况下没有）才能找到需要的资源，而企业内部的团队尽管出发点很好，但仍然会错位，错过来自其他团队的背景信息。这就无法使你的客户成功减少对毅力和运气的依赖，并且在企业内部做到进一步协调一致，以倾听客户的声音。

让我们首先从客户的角度进行探讨。为了留住客户，至关重要的是成功地提高客户满意度，防止客户流失。为了让客户成功不过多地依赖毅力和运气，你需要代表他们负起责任，并确保将所有的客户成功内容

第 12 章　法则 8：在一个客户中枢中将所有的东西联系起来

和互动全都集中在一个中心位置。这将使客户可以在一个地方找到问题的答案，无论答案是由其他客户提供的，还是来自知识库中的文章、博客、产品更新等。如果他们找不到答案，那么你可以将他们聚集在某个地方并分享问题，这将极大地增加同行回答他们问题的可能性。

要提高内容的可获得性，减少客户寻找答案时付出的努力，并且提供无缝衔接的体验，需要用一种集中的体验代替碎片化的客户旅程，即建立客户中枢。

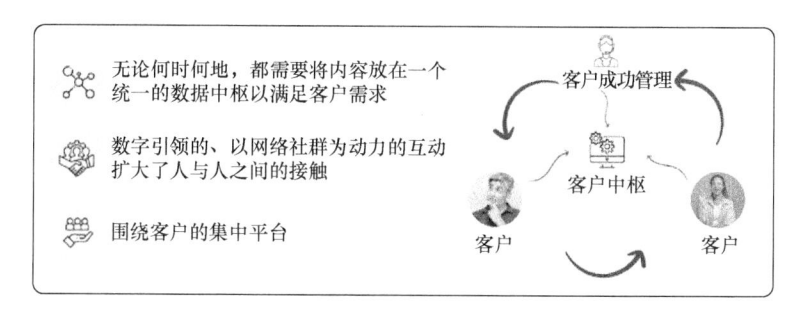

- 无论何时何地，都需要将内容放在一个统一的数据中枢以满足客户需求
- 数字引领的、以网络社群为动力的互动扩大了人与人之间的接触
- 围绕客户的集中平台

客户成功管理 → 客户中枢 ← 客户 ↔ 客户

说到内部团队，充分利用由组织中多个团队使用的集中的客户中枢，可以让这些团队打破部门之间的樊篱来工作并分享知识。此外，这还将使你建立面向客户的团队，以利用相同来源的客户见解在客户体验方面展开合作，并且时刻关注客户情绪的波动。

你不再需要与客户进行孤立的沟通，而可以将这些沟通集中在一个中心枢纽。

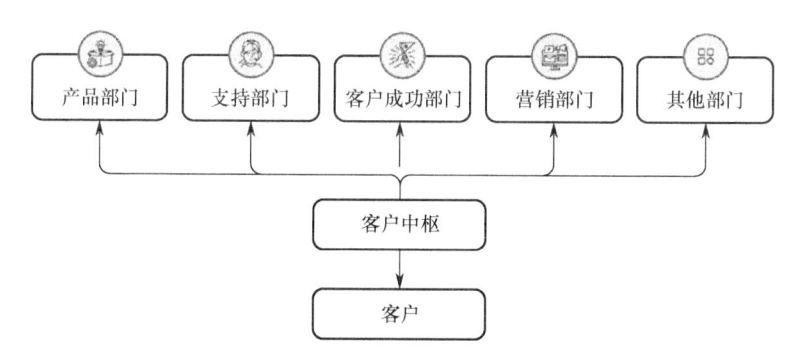

产品部门　支持部门　客户成功部门　营销部门　其他部门
↕
客户中枢
↓
客户

| CUSTOMER COMMUNITIES

建立与客户旅程联系紧密的客户中枢

2013 年，华特·迪士尼世界首席商务官斯科特·哈金斯说："没有人拥有顾客，但有的人总能拥有当下。"在迪士尼世界，当下就是让游客购买门票、欢迎游客入园、操作游乐设施、进行角色表演、提供餐饮服务等。这些互动都是人与人之间的互动，都是与游客面对面的交流。

对于一款 SaaS 产品或一家 SaaS 公司，客户在购买产品之前就与销售团队互动，然后与客户引入团队或教育团队、支持团队、客户成功团队甚至产品团队互动，最后在首期合同结束时与续约团队互动。这就产生了大量的"当下"时刻，它们会带来客户体验不一致的风险。将所有这些团队聚集在一个集中的中枢，可以降低这种风险，为客户提供无缝的体验。

我们将探索建立客户中枢所需的一切，并且阐述如何将它们与客户旅程的每个阶段相关联。

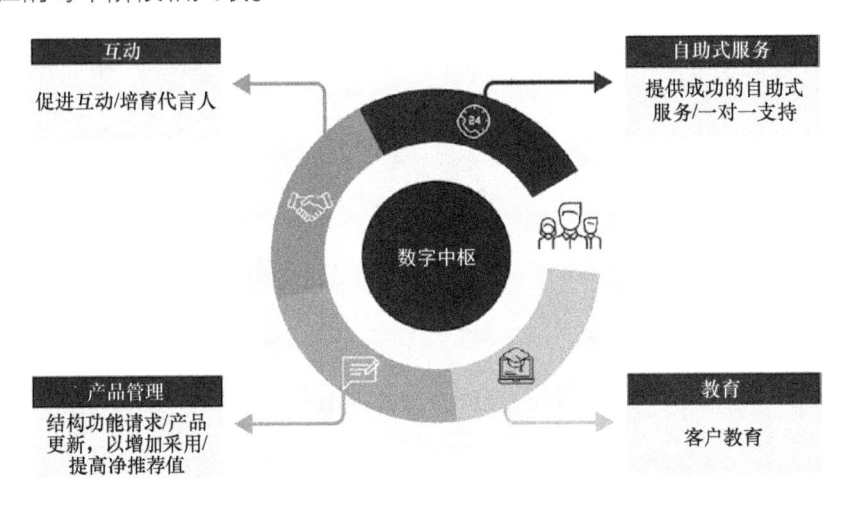

互动
促进互动/培育代言人

自助式服务
提供成功的自助式服务/一对一支持

数字中枢

产品管理
结构功能请求/产品更新，以增加采用/提高净推荐值

教育
客户教育

客户中枢的每个组成部分都在客户旅程的各阶段为提升客户体验做

贡献，这一点我们在法则 3 中讨论过。

潜在客户

客户在购买某款产品之前，会研究和调查该产品及其所属公司。为这些潜在客户提供一个中枢进行讨论，可以让你较早地推销你的售后经验。主持这些讨论给了你一个机会，让代言人有地方与你的公司分享经验，而且这是一个清晰的信号，可以向客户表明你公司的透明度和合作意愿。

客户引入

在发布产品后，相关活动通常是重复的。它们可以帮助客户了解你的产品。这是一个绝好的机会，你可以通过提供培训材料、集中所有引入的内容，并且鼓励自助式服务，促进客户中枢中的互动。客户中枢可以作为新客户熟悉你的产品的核心场所。

采用和成熟度

随着客户的日渐成熟，他们的知识及与产品的联系将逐步深化。在客户生命周期的早期，他们因受到激励而消费，而现在，他们觉得自己有能力在平台上做出贡献，发出自己的声音，如就产品的构思和反馈发声。通过这种方式，你将找到并培育你的代言人。

Salesforce 公司每年都会对客户联系现状进行研究，并撰写报告。报告结果清晰地表明，人们正在进入一个基于信任的经济时期。超过 88% 的客户相信，信任在变革时期尤为重要。96% 的客户说，是出色的客户服务建立了信任。客户中枢的这些组成部分使公司和客户部门更加紧密地联系在一起，以提供良好的体验并建立信任。

| CUSTOMER COMMUNITIES

利用客户中枢改进自助式服务

无论是客户还是供应商，都会很好地记录并认可自助式服务的好处。对供应商来说，成功的自助式服务可以降低支持成本，缩短客户熟练使用产品或服务的时间，改善员工与客户的互动，因为员工们致力于解决"更难"的问题，并收到客户对他们推出的内容的反馈。

理解客户在客户中枢的行为，还可以获得巨大的价值。你可以超越支持工单中的问题内容，追踪客户在网络社群中提出的问题及通过客户中枢搜索的内容，最终了解网络社群中缺少哪些内容或哪些内容质量不高。

此外，使用可靠的方法来创作和维护知识对实现成功至关重要。方法之一是提供以知识为中心的服务，这是服务创新联盟确立的一种被广泛采用的方法。它通过使知识变得丰富而可用助推问题的解决，为企业和网络社群带来价值。以知识为中心的服务为需求推动的内容创作提供了框架。也就是说，你可以在客户有需要的时候创作内容，而不是还没等客户提出问题就先去寻找解决方案。在这方面，客户中枢的活动可以让你真正地洞察客户的需求，并指导内容创作。同样，事实证明受欢迎的有益解决方案和网络社群中客户提供的内容可以转变为官方文档，作为企业不断发展的知识和资源的一部分加以维护。

将多种类型的内容（如网络社群中的常见问题解答、知识库中的文章、教育内容及更多其他内容）综合到一个板块，企业便能克服传统的内容孤立且零散的问题，能在各种活动中追踪观察客户的情况，而不是在不同的系统和板块追踪。内容可以被更容易地移动、合并和扩展，客户体验也会变得更加丰富。

第12章 法则8：在一个客户中枢中将所有的东西联系起来

在客户中枢集中进行互动

客户在使用你的产品的过程中会产生很多需求，这些需求成为构建客户中枢的支柱。如果用一个词来满足这些需求，那就是"联系"——联系到正确的信息，联系到正确的人。

这个正确的人可能是企业内部员工，也可能不是。正确的人是能够在正确的时间给出正确响应的人。只有通过发展壮大集中的中枢，让客户、员工和合作伙伴在其中互动，他们才能在需要的时候建设性地互相帮助，从而增强联系。

客户中枢支持完整的产品管理工作流程

特蕾莎·托雷斯在她的著作《持续发现习惯》（*Continuous Discovery Habits*）一书中谈到产品团队如何"集体负责确保他们的产品在为企业创造价值的同时，也为客户创造价值"。尽管这种说法十分简洁明了，而且得到了广泛的接受，但要把它付诸实践，并且严格遵循这个"配方"开展日常的生产工作，是很困难的。原因主要有两个。

第一，可以采取多种形式为客户创造价值，即使对于同样的客户需求，也可以根据你需要交流的客户人数以不同的方式来表达。此外，任何企业的目标都是持续不断地扩大其客户群，但指望产品团队与数量不断增长的客户进行对话是不现实的。由于这个原因，产品团队的员工掉入了一个陷阱：既要倾听那些即将流失的客户发出的最响亮的声音，又要倾听付费最多的客户或最令人印象深刻的客户企业的声音。这里的基本原理是，如果这些人的需求得到了满足，他们获得了期望的价值，那么，对他们产品的其他用户来说，结果也是一样的。

第二，尽管这个原因和第一个原因同样重要，但量化或预测企业的价值通常只是一种估算活动。对留存率指标和销售转换率的预测取决于企业能在多大程度上为客户提供价值。然而，从了解客户的痛点到提供一个有望解决客户问题的解决方案，这条道路上有许多曲折。产品团队需要如何优化客户旅程，以便创造客户价值与企业价值之间的共生关系？

世界上没有魔法，也没有许愿池。但是，你可以构建一个客户中枢。企业面临全面发现客户问题、验证解决方案、进行 Beta 测试、发布公告，以及推动客户采用产品等多方面的挑战。客户中枢可以显著减少这些挑战中的未知因素和痛苦。企业可以邀请客户相互提问并回答与产品相关的问题，从而很容易学会如何更有效地利用现有产品的功能。当他们遇到产品问题时，可以通过提交自己的想法和对产品的请求（这些想法和请求能被产品团队的员工直接看到），快速地提出自己的需求。此外，在创意板上，当客户提出产品要求时，他们经常相互质疑并补充彼此的用例。如果不这样做，那么，在与客户的一对一对话中，这些任务将完全落在产品经理的肩上。我们都知道这种对话最终会变得多么棘手——产品经理要么必须通过大量提问来探索客户的需求，这听起来太难了；要么给出一些含混的内容，以免透露出解决方案中存在的偏见，这听上去太神秘了；要么过分接受他们听到的建议，从而使客户可能产生不现实的期望。当这些对话发生在公开场合，并且围绕某个创意主题展开时，产品经理就会成为建设性讨论的主持人，而不太可能陷入扮演"不是个坏警察，就是个好警察"的角色困境之中。

此外，利用投票系统可以识别受欢迎的想法和产品需求，这些需求可以为大多数客户提供价值。这不再是"最响亮的声音"的游戏，而是

第 12 章 法则 8：在一个客户中枢中将所有的东西联系起来

一个更加民主的过程。在此过程中，企业可以捕捉到客户更真实的需求，以及他们希望从产品中获得的隐含价值。这些想法涵盖了一系列更全面的验收标准和必备条件，从而帮助产品团队更有信心地发现符合客户期望并为企业提供价值的解决方案。

Cognite 公司网络社群高级总监安妮塔·哈尔赫强调了在客户中枢进行开放的产品讨论的好处："在客户中枢收集想法，使我们理解了大规模客户反馈的力量，并使我们在很短的时间内获得了这些洞见。"

形成闭环

在早期，Gainsight 公司将网络社群作为一种解决方案，通过客户成功管理团队和支持团队从客户那里获得反馈。我们决定将网络社群的主要功能设置为产品反馈循环的核心，并最终闭合了这个循环。

Gainsight 平台产品集团副总裁丹尼斯·斯托科夫斯基对此做了解释："我们的目标是为客户、合作伙伴和 Gainsight 员工提供一个论坛，以便提供影响路线图的产品反馈，并且获得来自同行的产品支持和解决方案。"

一旦产品团队制定了一份满足客户需求的产品解决方案，客户中枢就会快捷地将其传达给所有感兴趣的人，让他们能够持续了解取得的进展，并进一步参与验证流程。这样的信息传递可以促进快速的验证和学习循环，既能增强产品团队的信心，让他们相信自己正在做正确的事情，也能增强客户的信心，让他们相信他们发出的声音有人听到了，并且正在制订解决方案。那些专注于收集和整理产品反馈的各种工具，除非借助客户成功经理之类的中介，否则不可能将信息回传给客户。当需要在 Beta 计划中测试某个解决方案时，客户中枢再次成为吸引志愿者的理想平台，使沟通不再局限于电子邮件，并保证每个

| CUSTOMER COMMUNITIES

人互动的透明度。此外，产品团队还可以确保在 Beta 计划中拥有一个合适的客户群，以使测试发挥最大的作用，并培养新功能方面的专家，以便在日后帮助其他人。

当客户知晓某个新功能，知道如何使用它，并已经成功地使用它时，这个新功能便在释放它的价值。客户中枢此时又成为一个完美的地方，产品团队和公司可以在这里发布新内容、宣告产品中的任何变更，以及更新路线图。那些关于如何运用新功能的发布说明和知识库文章会为所有致力于推动客户采用的努力奠定坚实的基础。通过将这些内容放在客户中枢，现有客户和潜在客户会了解某一产品的功能和最佳实践。除了追踪观察成功标准和采用指标，产品团队还有机会通过阅读客户的反应来衡量他们发布的内容产生的即时影响，并且迅速回应客户提出的任何问题或担忧。

安妮塔·哈尔赫说："我们通过与产品团队和工程团队密切合作，推动早期采用者计划和产品创意，确保产品符合市场需求，从而深入公司产品生命周期的核心。我们还与学院部门密切合作进行培训和认证，并与文档团队、支持团队和托管服务团队密切合作。"

找到平衡

公司应不应该将提交到网络社群中的创意作为制定路线图和战略的唯一素材？绝对不应该！公司应当将产品愿景视为灯塔，指引着创意进入安全的港湾，产品战略则好比海岸警卫队，决定着哪些创意和客户需求将被纳入路线图。创意可能来自五湖四海、四面八方，绝不能用网络社群中的创意完全替代客户访谈和一对一讨论，三者应当相互补充。

以下工作至关重要且极具价值：产品团队与客户进行对话；客户成功经理收集和分享来自与客户互动时产生的产品反馈；支持团队分享他

们对客户在工单中提出的问题的深刻见解；销售团队收集来自市场和潜在客户的见解，以帮助产品团队使产品战略与公司创造的商业价值密切相关。将所有这些工作集中到客户中枢是一个持续的过程，需要全公司的人共同努力。

一体化的客户教育

前文提到，向客户提供一些材料，让他们知晓新发布的功能非常重要。知识库文章专门用于向客户提供有益的内容，以最大限度地利用产品的功能。然而，客户教育不是知识库文章和有益的内容那么简单。如今，各公司应当比从前更加努力地帮助客户，使他们更好地理解并获取他们所在领域的更多知识。出于这个原因，各公司正在构建一些不只是介绍产品用法的课程，这些课程还涉及特定领域的最佳实践，目的是培养客户成功所需的技能。不断创新并拓展可能性的边界的思想领导力，以及有助于网络社群分享知识与经验的网络研讨会，将有利于"人人成功"思维模式的形成。

当所有这些客户教育的努力都在客户中枢找到它们的归属时，互动就会蔚然兴起。客户不仅能在产品问题和日常挑战等方面获得帮助，而且被授权从客户中枢获取课程和思想领导力的内容，还能在自身的职业发展方面得到支持。公司可以出于不同的目的而重复使用这些内容。例如，将这些内容放在易于遵循的客户引入流程、快速故障排除指南及应用程序内设计的教育流程中。除此之外，通过提供有价值的、全面的教育，公司与客户的关系将更加牢固，公司将获得忠诚的代言人，并实现客户留存率目标。

| CUSTOMER COMMUNITIES

技术栈中的客户中枢

每家公司都有自己独特的"基因"和特定的需求，对此，它们会仔细挑选不同的供应商和解决方案，以确保运行的优化。客户中枢有助于集中大部分面向客户的交流，也可以用来限制供应商的数量。通过将网络社群、知识库、客户教育平台、应用程序内的互动、代言工具及产品反馈工具等不同的技术集中在一个中央平台，不仅能够改善客户体验，还可以降低公司总体经营成本。

对客户而言，客户中枢将发挥平台的作用。它可以与更多的内部工作流程和客户关系管理系统结合并整合起来。关于客户互动及互动情绪的数据是宝贵的，当它们在客户成功平台上被共享和汇总时，可以提供具有操作性的洞见。

成功的关键是从一种工具切换到另一种工具，并尽可能使客户体验变得无缝，不至于让他们注意到解决方案已经在后台发生了变化。最后，绝不应该让不同的身份验证过程割裂客户的体验，也不应该让客户必须了解不同的渠道及如何自行在另一个工具中找到解决方案，更不应该让客户重复他们的请求或问题。通过将技术栈整合并连接起来，可以实现将工单从网络社群升级到支持团队、用客户中枢的内容回复支持工单、在客户中枢提供课程建议以帮助客户更好地使用产品等，这些都是客户旅程的一部分。

同样，对一家公司的各个团队而言，手头掌握关于客户现状的数据与洞见，有助于避免重复劳动、错误匹配和沟通障碍，让他们更好地理解客户的需求，实现不同团队之间的宝贵合作，确保客户成功地使用他们的产品和服务。

第12章 法则8：在一个客户中枢中将所有的东西联系起来

到目前为止，将所有努力整合到同一个地方听起来好像是通向成功并提高客户留存率的最好路径。但这是否意味着公司应当立即抛弃其他解决方案呢？公司是否不再需要使用独立的学习管理系统、活动管理工具、知识库解决方案或聊天工具？当然不是。如今，这些技术大多采用了 API 优先的方法，这意味着只要做一些开发工作，你就可以将现有的工具整合到技术栈中，让它们之间的数据流动起来，并且将平台之间的工作流程连接起来。不过，一个单一的整合平台也许能够提供最好的解决方案。

前景展望

通过本章内容可以看出，客户中枢不只是一个有助于减少支持案例和扩展服务产品的自助式工具。客户中枢将作为一段数据推动的、个性化的、精心策划的客户旅程，被完整地整合到你的核心产品体验之中。

通过客户中枢，你将全面了解客户正在做什么、没有做什么、有什么需要，以及如何利用你的资源最好地支持他们。这些信息可以通过整合反馈到你的客户成功系统或客户关系管理系统中，以实现账户健康的目的。利用人工智能开始下一步工作，通过对类似合同用户的行为学习及来自每个整合系统的输入，可以在各个接触点上将客户旅程个性化。对客户而言，知识、培训、支持及产品指导的无缝整合将最大限度地减少他们的工作量，缩短实现价值的时间，并为他们提供更好的体验，从而使他们成为回头客。

未来的客户中枢将成为任何级别的客户成功计划的焦点，无论是一对多级别还是"白手套"企业级（指高级服务水平，通常针对大型企业或高端客户）。它将成为一个高度个性化、数字化的数据推动的产品，为客户提供他们需要的一切——无论何时何地。

第13章

法则 9：网络社群应当推动真实的商业结果

不要被虚荣的指标所迷惑——你需要真实的商业指标

第 13 章　法则 9：网络社群应当推动真实的商业结果

网络社群计划应当推动企业取得实质性的商业结果，这看起来似乎是一件显而易见的事情，但在网络社群领域，情况并非总是如此。正如艾丽卡·库尔告诉我们的那样："我并不觉得我们的行业中有足够多的人在做这件事，他们还没有使用商业语言来交流。我们不能用我们的思考方式来谈论网络社群，因为没有人理解它，也没有人真正在乎它。但如果你向一家企业描述其需求，以及其会从网络社群中获得什么回报，就能得到这家企业的支持。要用收益和利润来说话。要用投资回报来说话。最成功的网络社群在这方面做得很好。"

我们在本书的开头描述了第一波企业网络社群。在这波企业网络社群中，价值总是根据成本的减少来计算的，成本的减少则是通过支持工单的转移实现的。随着近年来网络社群用例的扩展，我们看到，网络社群可以用各种方法为企业贡献商业结果。根据我们的经验，大多数拥有网络社群计划的公司很快就会发现，它们属于下面 3 种情形中的其中一种。

（1）对网络社群的价值深信不疑。在某些组织中，有一种真诚而固有的信念，即与客户互动并投资网络社群计划对经营企业极有价值，甚至必不可少。在一些初创公司中，创始人与高管级别的管理者能够理解和欣赏网络社群的价值。网络社群计划是公司早期商业计划的一部分，也是公司数字化旅程必不可少的要素。

在这样的公司中，可能永远都不需要直接衡量网络社群的商业价值。ServiceTitan 公司的首席营销官克里斯·彼得罗斯告诉我们："我认为，客户互动是根本。你可能会争辩说，呼吸在某种程度上也有投资回报率。毕竟，你呼吸一分钟，就能多活一分钟。同样，如果企业不与客户互动，不去了解他们的需求，就会窒息而亡。"

这可能类似下面这种情况：组织每年都投资于客户关系管理系统，

其中优化工作是一个优先事项，但很少有人怀疑是否有必要建立一个客户关系管理系统。我们向一位客户询问他公司最近的商业结果指标，他告诉我们："从来没有人问过我们（网络社群的）价值。在我们公司，这是理所当然的事情。"从网络社群从业者的观点来看，能够遇到这样对网络社群的价值深信不疑的人，真是太好了。然而，这也带来了风险，因为领导层、企业文化或市场状况的改变可能会使网络社群计划陷入危险的境地。

（2）价值很重要，但投资回报难以预料。我们经常遇到这种情况：公司渴望展示网络社群所提供的价值，但出于种种原因，它的价值难以被证实。在类似这样的情形中，网络社群团队可能会将重点放在最容易衡量的证据上，如通过支持工单的转移来减少成本。对于这一点，已经有了完善的最佳实践，如客户调查。这是一个极好的证据，但是，下一代客户网络社群可能确立了更大的目标以涵盖各种用例。大规模地与客户互动对于实现客户留存、客户采用及增长目标至关重要。如果网络社群团队不能直接将其价值与这些结果联系起来，他们可能会聚焦于网络社群互动的顶级衡量指标，如月度活跃客户或简单的访客数量。我们强烈建议将月度活跃客户作为一个互动指标，因为它是网络社群计划成功的强力指标。不过，这个指标还是没有告诉人们网络社群最终对商业结果产生了什么影响。在我们的经验中，大多数制订了网络社群计划的公司当前面临的都是这种情况。

（3）网络社群计划推动了经过验证的可量化的商业结果。从目前来看，这种情况最不常见，它将人们推到了网络社群发展的最前沿。只有少数公司的网络社群计划比较成熟，并且该计划的运营达到了能够证明其具有商业价值或与商业价值紧密相关的程度。尽管如此，我们依然坚定地相信，网络社群可以直接帮助公司提高客户留存率，推动业务增长。我们将鼓励网络社群的每位领导者以这种方式竭力证明其价值。我们也希望有更多公司能自己发现这一点。

基于价值的报告框架

接下来，本章将探索一些强大的方法，这些方法可以用来衡量网络社群与公司的底线商业目标相关联的价值。我们希望这有助于你设计可扩展的、长期的网络社群发展战略。当你启动网络社群计划并获得初始投资时，这将帮助你建立一个可靠的商业案例，并随着时间的推移，帮助你发展和优化网络社群计划。

Thought Industries 公司主管内容战略的高级副总裁丹尼尔·奎克曾在 Gainsight 公司 2022 年"脉冲"大会上说："如果不把关注的焦点放在有意义的商业结果上，即使你完美地执行了这种衡量策略的其他每一步，到最后，你也什么都没展示。"

我们发现，围绕以下 4 个价值驱动因素来确立商业结果的框架，是有益之举。

（1）规模与效率。第一代企业网络社群的主要目的是通过工单转移来帮助支持团队处理大规模的客户支持请求。对大多数企业而言，网络社群是在整个企业中提高效率的根本，更是制定数字化客户成功战略的根本。

（2）客户体验与产品采用率。网络社群中充满了有益的内容和针对你的产品的最佳实践，是一个集中的互动中枢。这可以直接减少摩擦，提高产品采用率。

（3）客户留存率。通过为客户提供有益的资源，让他们能在某个地方与你的企业及同行在类似的情况下进行互动，可以提升他们的体验，使之更有可能维系与你的企业和产品的关系。

（4）扩张。网络社群可以有效地凸显产品的性能，以推动扩张目标的实现。这意味着你可以通过营销、推销、交叉销售及向上销售等方法产生更多的营业收入。

提前识别最重要的价值驱动因素以制订与企业需求密切相关的网络社群计划是十分有益的。在以上 4 个价值驱动因素中，哪个对你的企业和网络社群计划最重要？

优先考虑商业成果而非产出

再向深一层考虑意味着找出对你来说最重要的价值驱动因素，然后列出与之相关的更具体的商业成果，而不要掉入只考虑产品的陷阱之中。如果你可以识别你的企业正在努力实现什么目标，就可以直接确定网络社群如何支持相关的需求。杰夫·戈塞尔夫和约什·塞丹曾在《哈佛商业评论》（*Harvard Business Review*）上发表了一篇文章，写道："企业中的大多数团队致力于创造一种确定的输出。但是，仅做完某件事并不意味着这件事就能创造经济价值。"同样的道理也适用于软件行业和网络社群领域。

当你不能从最高层面理解你的企业正在努力实现什么目标时，就会不断面临项目和举措的不确定性。戈塞尔夫和塞丹说："'我们已经创建完成了'与'它产生了我们预期的效果'之间的关系很不清晰……这种不确定性问题，加上软件的特性，意味着在数据世界，根据产出来管理项目根本不是一种有效的策略。然而，我们的管理文化和工具就是根据产出来创建和运作的。"

除了已经被企业清楚地确定为商业优先事项的结果，网络社群还可能影响那些尚未完全确定的主题。这为发现新的机会提供了空间。

此外，展现一个得到良好管理的网络社群所产生的商业影响将使运营获得很大的自由度。只要实现了目标，人们就会对网络社群计划产生信任。

从上到下逐步完成

为了将你的结果和价值指标与那些更广泛的商业成果及价值指标协调一致，我们建议，对于上面提到的 4 个价值驱动因素，应从上到下逐步完成。任何没有以某种方式对这些价值驱动因素中的一个或多个做出贡献的举措，都可能受到合理的质疑。

一些成功的企业在制订网络社群计划时聚焦以下这些结果。

（1）规模与效率：增加自助式服务，高效地优先安排研发工作，并提高客户成功管理的效率。

（2）客户体验与产品采用率：提高产品采用率，改善客户旅程，提升客户体验。

（3）客户留存率：提高运营状况评分的预测性，减少风险和客户流失，并提高更新预测的准确性。

（4）扩张：通过代言促进业务增长，改善扩张渠道，提高扩张速度，完善新的商业渠道。

根据我们的经验，制订网络社群计划的大部分企业都会优先考虑前两个价值驱动因素，即规模与效率、客户体验和产品采用率。在许多情况下，这两个价值驱动因素是最明显的起点，我们在本书中对它们进行了广泛的讨论。不过，随着时间的推移，加上网络社群计划日臻成熟，企业可能更加关注与客户留存率或扩张直接相关的更广泛的价值驱动因素。

领先指标和滞后指标

每家企业都有一系列高级指标，人们将它们视为衡量企业运营状况的至关重要的指标。当然，这些指标还可能包括一些严格的财务数据，但与我们合作过的很多企业都非常关注净收入留存率和总收入留存率，因为有越来越多的证据证明，这些侧重于留存率的指标是衡量业务长期增长的最重要指标。另一个常见的高级指标是净推荐值，它历来是衡量业务长期增长和企业运营状况的有力指标。

大部分企业还有一系列针对价值驱动因素的指标，它们被视为衡量价值与企业运营状况的最直接的指标。我们称这些指标为"滞后指标"，它们是企业最终希望通过所有的举措（包括网络社群计划）来影响的指标。之所以称它们为"滞后指标"，是因为它们的影响往往滞后于人们在企业中所做的直接努力。它们相对难以产生直接的和即时的影响。不过，要了解人们的行动将如何影响这些高级指标，方法之一是确定它们最精确的领先指标。领先指标是相对容易产生直接的和即时的影响的指标。

下面看一下 4 个价值驱动因素的示例。

规模与效率示例

结 果	领 先 指 标	滞 后 指 标
增加自助式服务	有益内容的阅读次数 被标记为最佳答案的百分比 同行所提供答案的百分比	支持工单减少的数量 服务成本减少的金额

客户体验与产品采用率示例

结　果	领　先　指　标	滞　后　指　标
提高产品采用率	教育内容的阅读次数 网络研讨会的出席率	产品采用度（包括宽度和深度）

客户留存率示例

结　果	领　先　指　标	滞　后　指　标
降低流失风险	月度活跃客户	净收入留存率、总收入留存率

扩张示例

结　果	领　先　指　标	滞　后　指　标
改善扩张渠道	网络社群筛选的潜在客户	渠道增长率 净收入留存率

如果以这种方式开始报告网络社群的价值，重点关注与你希望影响的结果相关联的最重要的领先指标，同时结合滞后指标，你就为网络社群举措的长期价值创建了一个极有说服力的案例。如前面的例子中介绍的那样，当你希望推动产品采用率时，可以从追踪观察与你的产品相关联的所有网络社群举措的互动率开始。你是否看到那些聚焦于产品功能的内容的流量增加了？客户是否越来越多地参加你举办的重点关注产品的网络研讨会？当你看到并证明了这些举措日益强劲并取得成功时，实际的产品采用方面的任何变化都可以部分归因于网络社群计划。

计算直接相关性

4 个价值驱动因素是一个很好的起点，我们一般建议企业首先创建一个价值框架。使用领先指标和滞后指标，你可以立即围绕网络社群正在提供的价值而构建一个极具吸引力的故事。不过，你还可以更进一步，

| CUSTOMER COMMUNITIES

开始追踪观察直接相关性。这对于成熟的网络社群计划变得越来越重要，这些计划和其他关键业务功能与计划一起，被高管层讨论和评估。

据我们所知，如今并没有多少网络社群团队在做这件事，很大程度上是因为计算直接相关性的工作一直以来在技术上有难度。这通常要结合不同的数据集，需要多个团队的努力和大量的技术知识。然而，网络社群领域正涌现出一些围绕数据和整合的快速创新，所以我们预计这些指标在不久的将来会变得标准化。当网络社群和客户成功平台的结合允许这些数据集紧密地整合，以便自然地显现有价值的相关性时，我们尤其能看到这一点。我们在法则 9 中讨论的客户中枢有助于确保这些聚合的数据和全景式观察。

在本章提供的示例中，我们突出强调了可以将网络社群的互动作为一个领先指标（月度活跃客户），并用它来创建一个关于改进留存率指标（如净收入留存率和总收入留存率）的案例。这是一个有着强大说服力的案例，因为我们知道，客户的互动是留存率的关键指标，而且在客户健康评分系统中，它始终是良好的客户成功策略的核心。不过，为了进一步计算直接相关性，你可以关注单个客户的网络社群互动情况，并将它与以净收入留存率和总收入留存率等为形式的实际留存率结果关联起来。这将给你展示一种相关关系，如"那些作为活跃的网络社群成员的客户，其净收入留存率比非活跃的网络社群成员的客户高/低××%"。同样的原则也可应用于其他任何结果。例如，"参与我们网络研讨会的客户，其产品采用率比不参与网络研讨会的客户高/低××%"，或者"在我们的网络社群中提问的客户，在一个月内递交两张以上支持工单的可能性会降低/提高××%。"

Cvent 公司首席营销官帕特里克·史密斯向我们分享了一个很好的例子。他说："当你有了一个巨大的客户群时，续约率为王。因此，我们围

第 13 章 法则 9：网络社群应当推动真实的商业结果

绕领先指标做了大量的分析。我们知道，如果组织做了某些事情，客户的续约倾向就会更高，表现之一就是加入我们的网络社群平台。因此，我们在财务总监那里并没有遇到很大的阻力，因为他知道我们为什么要在这上面花钱，毕竟人人都意识到了续约率有多么重要。在一家像我们这种规模的企业里，将续约率提高几个百分点，就会赚很多钱。而且留住客户往往比找到新客户更容易。因此，我们没有一个所谓的黄金衡量标准，但毫无疑问的是，我们会重点观察与续约倾向相关联的网络社群。"

除了上面提供的例子，对于自助式服务用例，有一个成熟的最佳实践可用来计算与支持工单转移的相关性。具体做法是向网络社群访问者进行在线调查，问他们是否遇到了问题，是否找到了答案，以及是否会提交支持工单。对这 3 个问题回答"是"的网络社群成员的百分比可用于估算支持工单转移。这是另一个衡量价值的强大指标。

是不是所有这些指标都证明了因果关系呢？不，它们并没有。可以说，当涉及这样的衡量价值的顶级指标时，因果关系从来都没有百分百的确定性。当某位客户决定续约（或流失）时，是否因为客户成功管理团队足够努力（或不努力）？是否因为产品有所改进（或没有改进）？是否因为上一年引进的客户成功工具发挥了（或没有发挥）作用？在现实中，总是有许多影响因素，但通过收集具有说服力的指标，你可以向他人表明网络社群计划正在以一种引人关注的方式为企业贡献底线价值。

网络社群健康和运营指标

在本章的开头，我们概括了大多数网络社群团队所处的 3 种情形。我们提到，许多网络社群团队只看重运营指标。事实是，除了侧重于价值的指标，网络社群团队还可以（在某些情况下应当）监控许多其他指标。

特别是，我们始终建议监控网络社群健康指标。我们将网络社群健康指标作为一个小型指标集来对待，它们是激发网络社群潜在动力的一系列卓越指标。例如，你可以关注转化为注册者的访问者所占的百分比或获得了答案的问题所占的百分比。在某种程度上，这些指标暗示了网络社群是否成功，因此可能会给企业带来增值，但它们本身并没有真正地体现价值。

可以将网络社群的健康视为更深层次的指标加以报告，它显示了网络社群的运营状况，并为在何处改进及如何改进提供了明确的和可操作的方向。这十分重要，因为这可以让你得到一些最重要的洞见，从而影响领先指标和滞后指标。例如，假设你将月度活跃客户、净收入留存率分别视为留存率的领先指标和滞后指标加以关注。在这种情况下，网络社群健康框架可能使你洞悉应该如何推动月度活跃客户数量的进一步增长。这种洞见是宝贵的。例如，你可以通过改善网络社群的体验推动注册转化率的提高，从而实现月度活跃客户数量的增长。

在网络社群领域，一个常见的陷阱是将价值指标、健康状况指标及其他运营指标混在一起。采用我们介绍的方法，可能有助于你将价值指标与其他指标清晰地区分开来，这会使你讲述的故事更有说服力，更加清晰。

证明价值，以推动高管的支持

成功的网络社群计划在企业内得到了广泛的支持，而取得这种支持的关键是证明网络社群计划明显有助于取得重要的商业成果。

Involve.ai 公司客户情报战略专家和董事会顾问玛丽·波彭告诉我们：

第 13 章　法则 9：网络社群应当推动真实的商业结果

"到最后，人人都想知道网络社群是如何转化为营业收入的。我的团队中有些人将向上销售和续约的情况对照网络社群中的互动进行了分析。很有意思的是，如果客户企业有至少一位员工当月在我们的网络社群中保持活跃的话，那么该企业续约的可能性将是没有员工在我们的网络社群中活跃地互动的客户企业的 8 倍。而且，如果客户一年中至少参加了一次我们的 VIP 活动，我们就有 13 倍的可能性增加营业收入。在确定你应该优先考虑在哪个领域投资，以及什么才是真正重要的战略举措时，这种类型的相关性分析发挥着巨大的作用。做好了这些分析，你就能让 CEO 在会上说：'这是一件具有战略意义的事情，十分重要。'"

每个网络社群都是独特的，没有一种放之四海而皆准的价值衡量方法。我们希望通过运用本章中介绍的指南，你能够识别和优先考虑对你的企业重要的价值驱动因素与结果，并使用领先指标、滞后指标和直接相关性等提出一个有说服力的案例。

归根结底，虽然指标至关重要，但它们并不是衡量网络社群计划成功与否的全部。在法则 1 中，我们探讨了与客户及在客户之间建立真诚人际关系的各种小举措。之后我们还讨论了与营造成功的网络社群互动相关的许多关键主题。现在，是时候讨论最后一条法则了，该法则将关注的焦点放在如何将企业文化和价值观带入网络社群上。

第 14 章

法则 10：将企业文化和价值观带入网络社群

建立以人为本的思维模式

第 14 章　法则 10：将企业文化和价值观带入网络社群

2018 年 4 月 10 日是我们公司历史上的一个重要日子，也是尼克人生中一个重要的日子。那个周二早晨，在加利福尼亚州圣马特奥市，在我们的"脉冲"大会上，尼克的说唱生涯开始了。几分钟后，他的说唱生涯也结束了。

"谁在燃烧激情"这个问题源于尼克在 2013 年的"脉冲"大会主题演讲中的一句话。为了在首届"脉冲"大会上与观众互动，尼克用他的口头禅开场："谁很兴奋？谁在燃烧激情？"他一点也不知道，这句话激发了"脉冲"网络社群的能量。多年来，每次举办"脉冲"大会，尼克都会用这句话来欢迎参与者，激发他们的热情。到最后，尼克和 Gainsight 公司的前首席营销官安东尼·肯纳达想到了一个主意，他们把这个梗编成了一首关于客户成功的说唱歌曲，所以，《谁在燃烧激情》出现在了 Spotify 和 YouTube 网站上。

这个故事抓住了网络社群的一些基本的东西：成功的网络社群能让参与者和组织者做真实的自己，不管他们有什么怪癖。在 Gainsight 公司，我们提出了"以人为本"的理念，以抓住这种精神的精髓。最好的网络社群都将真正的以人为本作为文化核心。

但在我们深入探讨网络社群文化之前，让我们先介绍一下什么是企业文化。

企业文化

文化作为一个概念，与人类进入社会的过程是并行的。《牛津英语词典》对这个术语的定义显示了它的内涵有多么广泛和无所不包："特定国家或群体的习俗、信仰、艺术、生活方式和社会组织方式。"企业文化的概念可以追溯到埃里奥特·杰奎斯，他在 1951 年出版的《工厂文化的变

CUSTOMER COMMUNITIES

迁》(*The Changing Culture of a Factory*)一书中，在组织的背景下首次引入了文化的概念。这本书是描述、分析和发展早期工厂组织中的群体行为的一个案例研究。

在当代企业的世界，企业在人才市场中面临日益激烈的竞争，企业文化已经成为招聘、激励、留住人才的一个至关重要的工具。虽然许多企业口头支持这个概念，但只有领先的企业才能真正地将企业文化当成一种竞争优势来运用。

想一想奈飞（Netflix）公司的例子，这家公司是为员工赋能的现代企业文化的开创者之一。奈飞公司的方法通常可以用"自由和责任"这个术语来描述，并且在一本同名书中被奉为经验，该书刚一出版，就在硅谷掀起了一场风暴。奈飞所谓的"文化甲板"是由 128 张幻灯片组成，其中展示了该公司的方法，促使领导者们以不同的方式思考。该公司的文化甲板由于其立场和与众不同的特点而在众多公司中脱颖而出。该公司的联合创始人和 CEO 里德·哈斯廷斯深信，应该让员工尽可能多地拥有自主权。因此，该公司欢迎以下这些听起来有些激进的理念。

- 给予员工无限长的假期（这在当时是闻所未闻的事情）。
- 赋予员工无须批准便购买物品的权利。
- 鼓励积极的绩效管理，从而将表现一般的员工调离业务部门。

并不是每位 CEO 和所有公司都赞同奈飞公司的方法。而这恰好是该公司的辉煌之处。奈飞公司没有为每个人创建企业文化，它创建了一种真正与自身的需求和团队相适应的文化。如果你想更多地了解奈飞公司的企业文化，我们强烈建议你读一读里德·哈斯廷斯和艾琳·迈耶合著的书：《没有规则的规则：奈飞与重塑文化》(*No Rules Rules: Netflix and the Culture of Recomvension*)。

第 14 章 法则 10：将企业文化和价值观带入网络社群

其他备受尊敬的组织同样也倾向于定义自己的文化。

- HubSpot 公司的"文化代码"专注于公司对使命和标准的共同热情。公司创始人意识到，无论你喜欢与否，你都将拥有一种文化，因此，为什么不能创建一种你喜欢的文化呢？
- Salesforce 公司将信任的价值视为他们所做的一切事情的核心，并承认建立这种信任的文化是他们最大的竞争优势和差异化因素。
- 谷歌的企业文化与传统公司截然不同是众所周知的事情。看看 Googleplex 吧——这是一种不同的企业文化的最明显证据。

所有强大的企业文化都有一个共同点：独一无二。这些企业文化的引领者将同样的精神延伸到他们的外部利益相关方身上。

在 Gainsight 公司，我们的使命是成为一条"鲜活的证据"，证明公司可以在以人为本的同时，在商战中赢得胜利。我们的价值观引领着我们的日常工作，并使我们都了解这一使命。我们的价值观是我们追求成为一家以人为本的公司的路标，我们每天都用它来确保公司走在正确的道路上。

来看一看我们的 5 条价值观。

- 黄金准则。我们相信中国的一句老话："己所不欲，勿施于人。"要以他人希望被对待的方式来对待他人。
- 为所有人追求成功。我们相信，为了我们的客户、团队成员、家人和网络社群，要孜孜不倦地追求一种均衡的成功。
- 孩子般的欢乐。我们相信，要将我们内心未泯的童心带到日常的工作中。
- 初心。我们相信初学者的头脑。

- 保持饥渴。我们相信完全由内在驱动的对卓越的追求。

在 Gainsight 公司，这些价值观对我们来说意义重大，我们已经通过一些不可思议的计划将它们付诸实践了。正因如此，当我们被评为 2023 年度 Glassdoor 员工选择奖的获奖者，进入最佳工作场所名单时，我们感到特别自豪。和其他职场奖项不同的是，这个奖项没有自我提名或申请程序。相反，它完全根据我们的员工在 Glassdoor 网站上自愿且匿名分享的反馈来评奖。获得这个奖是对我们的使命和企业文化的一种认可。

冲破樊篱：企业文化=品牌=网络社群文化

我们曾在第 1 章提到，企业网络社群是非常私人的。

最强大的网络社群不会筑起一道樊篱，将团队成员如何在家工作、如何作为员工工作、如何与客户和其他外部利益相关方互动隔离开来，而是冲破樊篱，将企业文化与网络社群文化融合在一起。同样的原则和价值观出现在团队成员的实体办公室或虚拟办公室，将他们的网络社群联系在一起。这使网络社群的所有参与者都做最真实的、以人为本的自己。

为了证明网络社群文化的重要性，网络社群圆桌会议组织在 2022 年度《网络社群管理状况报告》中分享了网络社群成熟度模型的"文化能力"，将文化定义为"组织和/或网络社群中的习惯、激励因素（内在的和外在的）、社会规范、沟通、决策过程、发展过程和学习方法"。

这种透明度日益延伸到企业的品牌中。作为消费者和商人，人们对那些外部形象与内部行为有着天壤之别的企业越来越不认可。人们寻求那些与他们有着共同的理念和价值观的企业并与之合作。因此，企业的内部文化、网络社群文化及品牌全都融为一体，是必然的趋势。

早在 2006 年，艾丽卡·库尔就创建了 Salesforce 公司的网络社群。以下是她对网络社群文化的观点。

> 文化是从一开始就有的东西，第一个创建网络社群的人对网络社群的未来最重要，因为他从一开始就影响着这种文化。我并不是说从 Trailblazer 网络社群的角度来看，我最重要、最有决定权，实际上我有点古怪，充满兴趣，并且有好奇心，我非常关心是什么激励了人们，他们为什么做他们所做的事。我没有把自己当回事，但我想让人们过得更好。对于这一点，我是认真的。这正是网络社群远不只是一个企业软件的原因。它实际上关乎人们获取价值、回馈社会、给他人带去价值。所以，对我来说，永远不能忘记的一点是，我所做的每件事情的背后都有他人，在我期望得到任何东西之前，要充分强调我为他人付出了什么，这一点非常重要。

网络社群文化的原则

在定义你的文化时，无论是企业文化、网络社群文化，还是最理想的两者相结合的文化，你需要思考什么？在经营了一个最具创新性的网络社群，并且学习了许多其他成功的网络社群之后，我们认为创建强大的网络社群文化有 5 个重要步骤。

（1）定义你的价值观：你的部落成员的共同点是什么。

（2）确定你的网络社群代表了什么。

（3）识别并欢迎网络社群中真正的"怪人"。

（4）为网络社群树立一个品牌和声音。

（5）利用脆弱性使人们敞开心胸。

定义你的价值观：你的部落成员的共同点是什么

我们之所以从"部落"这个概念开始，是因为我们觉得它抓住了定义网络社群的"同类"精神。某种东西将你的网络社群成员紧紧团结在一起。你必须定义它是什么。

我们坚持认为，通常情况下，共同点是某种发自内心深处的情感。以孤独感为例。我们分享了自己在孩童时期孤独生活的故事，这吸引了我们对网络社群概念的关注。在 Gainsight 公司的"脉冲"网络社群中，与会者最常经历的情感之一是他们在日常工作中常常感到孤独，而当他们在"脉冲"网络社群中和大家在一起时，觉得被人关注，产生了归属感。他们和"懂他们"的人在一起，大家能够理解彼此在工作中的遭遇。正因为这一点，"脉冲"网络社群对每个人都非常有益，它发挥着传声筒的作用，并让人们觉得值得依赖。

我们加强期望的行为的方法包括以下几种。

- 每次"脉冲"大会一开始，就围绕孤独和联系来定义这些价值观，并分享过去的例子来说明这些价值观是如何展现出来的。
- 创建一个"脉冲碰拳"仪式，让每位参与者向他们的邻座表明，他们就在对方身边。
- 推出招聘板和每周在线招聘，帮助"脉冲"网络社群找到下一个角色。

但孤独和联系并不是仅有的两种可能成为你的网络社群凝聚力的感情。也许你的网络社群建立在自由或授权的基础之上。也许这一切都与创新和创造有关。也许你的网络社群是关于说唱视频的——世事难料。

ServiceTitan 公司的首席营销官克里斯·彼得罗斯和我们分享了他的网络社群如何真正发展企业文化的经历。该公司开发的软件为水管工和电工等行业的专业人士提供服务。该公司每年都会为其网络社群举办一场名为"万神殿"的令人震撼的活动。

> 多年来我观察到有几件事情十分有趣。第一，作为一名企业家，我有着深深的自豪感。我觉得人们不一定能广泛地意识到这种感觉，但在这个行业，也有一些著名企业家开着私人飞机，销售总额达到数十亿美元。我非常敬重他们。如果你来参加"万神殿"这个活动，会看到一些在行业中非常有名的企业家正在做一些新颖、独特而有创造力的事情。你会看到他们穿过酒店大厅，和几十个人握手，大家相互自我介绍，人们向他们提问，想了解他们在做什么。这实际上也非常独特，因为这些承包商会停下来和每个人交谈，帮助他们，为他们指明方向。

电子搜索领域的领军公司 Relativity 的首席客户官安德鲁·沃茨在他的网络社群中发现了一个独特的愿景。

> 我想说，我们的网络社群文化很有创造力。在我们的"相对论纪念日"大会上，网络社群参与者投票选出了上年度最具创新精神的同行。他们对这件事真的非常兴奋。

同样，Tableau 公司前首席营销官艾丽莎·芬克也分享了让他们的网络社群文化如此特别的真正人性化的一面。

| CUSTOMER COMMUNITIES

在早期，我们花了很多精力来确保人们相互了解。所以，我们投入了大量的精力和时间来确保那些能够影响网络社群的人是个性化的。我们尝试着在网络社群中吸收一种个人意识。也就是说，这里的人都是普通人。他们爱笑，合群，喜欢个性化。

是什么真正地将你的网络社群中的人联系在一起？

确定你的网络社群代表了什么

现在你已经为网络社群确立了价值观，是时候确定一个目标了。你的群体代表什么？他们的使命是什么？

在"脉冲"网络社群中，成员们名义上有一个共同的职业——客户成功管理。但更广泛地讲，他们拥有同一个理念。他们相信，供应商和客户是有可能形成双赢关系的。他们热情满满地为所有的利益相关方创造成功。在最基本的层面，"脉冲"网络社群的成员信奉以人为本的企业理念，也就是说，人们在供应商、客户、员工等角色的背后，都只是普通人。

这在"脉冲"网络社群中以多种方式表现出来。

- "脉冲"网络社群的成员制订了"脉冲影响"计划，目的是为这个职业带来更多的多样性和平等。
- 他们持续不断地挑战极限，为客户创造价值。
- 他们代表他们的客户，在公司内部热情地为客户代言。

花点时间回想一下你参加过的商业活动。有哪些活动在情感上打动了你？它们是否唤起了你内心的使命感？你觉得自己是网络社群中的一员吗？这样的活动能给参与者带来持久的影响。它们点燃了集体的激情和动力。要意识到目标的力量。这种共同的目标感使网络社群不只是一种完成工作的战术方式。目标协调一致的网络社群创造了无与伦比的互动和影响力。

你的网络社群的目标是什么？

识别并欢迎网络社群中真正的"怪人"

把人们联系在一起的东西，并不只是共同的美德。我们坚持认为，怪癖和缺陷在建立联系的过程中也同样重要。你的网络社群成员是如何以一种不那么讨人喜欢的方式脱颖而出的？是什么让他们虽然有点古怪，却让人觉得很可爱？

在客户成功这个行业，"脉冲"大会的参与者往往讨人喜欢。虽然他们不断成长并提升技能，但他们常常因自己在公司中不被同事所理解而感到沮丧。他们开玩笑说，自己总是担负了太多客户的工作任务，简直到了没完没了的地步。而且，他们对唱卡拉 OK 喜欢得不得了。

Salesforce 公司的艾丽卡·库尔说，"怪癖"是他们网络社群文化的一个核心部分。

> 我们网络社群的一位成员史蒂夫回答过大量的问题。在网络社群创建初期，史蒂夫只靠自己的回答几乎就能玩转整个网络社群。有一次，他告诉我他要去度假，我整个人都慌了。我当时想着："哦，不，他去度假了，我们的网络社群怎么办？"我对自己说："嗯，我要以这一刻为基准，看一看他走了以后有什么影响。"
>
> 影响大得不得了。他回来的时候，我对自己说："好吧，我必须做得更好，培养更多像史蒂夫这样的人。"这基本是我的责任，但我需要为他做一些不可思议的事情，因为他对我们网络社

CUSTOMER COMMUNITIES

群的影响太大了。他来自波士顿，喜欢喝啤酒，特别是"普林尼老人"这个品牌。但这种酒在马萨诸塞州买不到。我下面要说的事情并不太合法，但我不在乎。

我去全食超市买了"普林尼老人"大瓶装，把它们包装好。我学会了如何通过邮件寄送腌料。我把干冰放到包装里，将它们运到波士顿。这样，他就喝到了这种啤酒。直到今天，他仍然是我们网络社群里表现最好的人。三年前，我离开了 Salesforce 公司，而我和他已经认识了快 20 年了。他会告诉你，正是因为我们从一开始就建立的这些联系和个性，他才始终留在那个网络社群之中。所以，我喜欢这个背景故事。

来自 Tableau 公司的艾丽莎·芬克分享了他们那个"古怪"的网络社群的一些趣事。

一个网络社群的成员创立了他们自己的奖项，他们称之为"Vizzies 奖"。举个例子，我有点羞于提及，因为这个例子与我有关。他们有一个奖是根据我的行为命名的。我是出了名的爱发誓。而他们有个奖叫作"艾丽莎·芬克发誓奖"。如果你可以拍个发誓的视频，就能得到这个奖。

有一次，我们有一个超级喜欢互动的员工编了一段舞，叫作 Viz 舞。我得先称她为网络社群的成员，再称她为员工。她把这段舞蹈视频放到了博客和其他一些网站上。突然之间，人人都在跳这段舞。几个月后，当我们开大会时，他们在展厅里组织了一个快闪活动[①]，我不知道到底有多少人一起跳了这段舞，也许有

[①] 快闪活动是指通过电子邮件或短信召集一群人在指定的时间到指定地点进行某种活动，活动结束后立即散开的行为。——译者注

第 14 章 法则 10：将企业文化和价值观带入网络社群

200 多人。

还有一件事情，纯粹是为了好玩。当我们发布软件的第 6 个版本时，我们搞了一场名为"6 的快乐"的营销活动。我们鼓励网络社群成员参与进来。他们在推特上发了一些笑话，如"我告诉妻子我会很晚回家，因为我上班的时候喝了 6 杯"。

你的网络社群又有什么与众不同之处？

为网络社群树立一个品牌和声音

有了价值观、目标和怪癖，是时候用品牌来宣传你的网络社群了。有哪些方法可以强化你的网络社群成员之间的共同联系？

从一个术语开始。正如前文讨论过的，我们使用"以人为本"这个术语来精准地描述"脉冲"网络社群的精神。虽然一个简洁的目标或一则使命宣言就已经很好了，但是老话说，一图胜千言。如果真是这样，一段恶搞的视频价值可能会更高。在 Gainsight 公司，我们制作了数量惊人的 YouTube 视频片段，用幽默的方式描述大家对"脉冲"网络社群的感受。这些视频片段包括：

- 模仿泰勒·斯威夫特的《空白格》（*Blank Space*），记录了一位客户成功经理的日常生活。
- 翻唱了加斯·布鲁克斯的《地位低下的朋友》（*Friends in Low Places*），以乡村音乐的形式讲述了在支持客户的过程中经历的困难。
- 模仿后街男孩演唱的《我就想这样》（*I Want It That Way*），描述了在客户的强迫下，只能按照客户的要求来制造产品的故事。
- 用一部迪士尼主题的音乐剧记录了客户关系的各个阶段。

CUSTOMER COMMUNITIES

- 模仿《泰德·拉索》(一部喜剧电视)描述领导一个客户成功团队涉及的所有独特的学习。
- 制作了一段说唱视频,你肯定知道主角是谁。

是时候来点创造性了。你如何充分利用情感的力量来抓住网络社群精神的精髓?

利用脆弱性使人们敞开心胸

网络社群中的成员会影响彼此。如果有些人表现得不真诚,其他人就会照做,高筑围墙,与人隔绝。但如果第一个说话和互动的人真正敞开心扉,就能打破人际关系的僵局,其他人也会变得真实。

作为网络社群的组织者,你有机会为网络社群设基调。你说过的话——无论是在第一篇网络帖子上说的,还是在一场大会上作为开场白说的,人们都会记得,并照着你说的去做。如果你一开始就说你有多么伟大,那么网络社群成员会觉得他们也得摆出一副自己有多么伟大的姿态。如果你真诚地敞开心胸,就会发现这种真诚是有感染力的。

在倡导以脆弱性进行领导方面,没有人比畅销书作家、TED 演讲明星布芮尼·布朗做得更多了。布朗曾说,历史上大部分领导者都会尽量避免承认自己的弱点和困惑,而最受尊敬和最强大的领导者往往是那些真正敞开胸怀的人。

在"脉冲"大会上,我们持续不断地努力确立这种基调。

尼克每年的闭幕演讲主题都在试图打破使人们相互隔离的盔甲。这一点已经广为人知了。尼克在一系列活动中谈到了以下内容。

- 无论我们取得了多么大的成功,都要认为自己做得还不够。

第 14 章 法则 10：将企业文化和价值观带入网络社群

- 他童年时期的孤独，以及这种感觉如何陪伴他直到今天。
- 他的孩子们的状况，以及他们如何时不时地相互分享这种孤独的感觉。
- 他父亲得了老年痴呆症，这让他更加珍惜当下的每一刻。

而我们并不孤单。很多人和我们一样。脆弱是我们研究过的几乎每个网络社群的一个重要方面。你如何才能勇敢地、诚实地向网络社群展现你脆弱的一面呢？又如何开启一个脆弱的良性循环？

小结

我们相信，上面这些例子为你定义你的文化提供了一些建议。我们希望我们已经说服了你，让你相信，打破企业文化、品牌和网络社群文化之间的壁垒，是创建成功的网络社群的最后关键步骤。

最后一条法则和本书的第二部分到这里就结束了。这 10 条创建网络社群的法则为你提供了制定正确的网络社群战略所需的所有战略层面的基石。在第三部分，我们将继续向你提出实用的建议：如何启动一个伟大的网络社群计划，以及如何克服内部障碍。

第3部分

如何开始

第 15 章
成功创建网络社群的基石

制定强大战略的 5 个步骤

在本书的前两个部分，我们讨论了与创建高效的网络社群的基本法则。现在，有必要将它们全部综合起来并制定网络社群战略。多年来，我们看到过无数网络社群战略，它们的主题几乎大同小异。事实上，我们将分享一个战略模板，它包含众多共同的主题，这些主题在你启动网络社群建设时将发挥作用。类似这样的模板能够给你带来有益的灵感。但在我们分享它之前，让我们首先聊一个十分常见的陷阱。

当我们向客户询问他们想通过网络社群实现什么目标时，他们常说："我们想让它成为一个实践社群。"或者"我们想让客户相互联系并获得鼓舞。"这些答案固然很好，但有时候，这样的目标并未实现。也许网络社群没有按照预期的计划发展壮大，或者发生了一些意想不到的事情。例如，某个网络社群团队说，他们不希望将网络社群专注于客户支持，但其中一些成员总是不断地提出一些客户支持问题。这种情况并不罕见。接下来，他们可能很想知道如何改变这种状况。通常，这些团队掉入了一个陷阱：他们对网络社群的看法是由内而外的。他们定义了网络社群的概念和方向，但没有考虑所有的因素，以及他们的公司、产品和客户所处的独特环境。此外，他们可能还没有为网络社群定义一个与企业目标一致的明确目标或真正目的。让我们先放下这个包袱，一步一步地沿着流程走下去，以避开这些陷阱。

第 1 步：确定你的目标和优先事项，并将它们映射到网络社群用例中

网络社群需要一个目标。这个目标最终涉及大量不同的网络社群用例。在第 4 章，我们讨论了支持团队、客户成功团队、营销团队、产品团队及销售团队如何从网络社群中受益。有时候，我们会运用下面的分

解来说明整个企业的价值观看起来是怎样的。我们将用 5 个常见的用例及其相关的衡量指标和活动来证明。

	服务与一对一支持	教育和鼓舞	代言	社交与联系	产品创意与更新
模块	网络社群知识库	网络社群知识库	对话团体活动	团体活动	创意产品更新
指标	自助式服务所占比例、工单转移、同行的回答	内容的有益性、活动的参与度、调查反馈	活动参与度、团体成员资格与参与情况	活动参与度与调查反馈、团体成员资格与参与情况	创意和投票、已递交的创意和投票
活动和焦点	审查、游戏化、基于知识的内容、超级用户互动	基于知识的内容（文章）、网络研讨会、访客贡献	网络研讨会、活动及团体促进情况	活动参与度与调查反馈、团体成员资格与参与情况	创意的后续动作、发布产品更新
支持平台	支持的门户网站、视频托管平台	视频托管平台、网络研讨会平台、学习管理系统	代言和激励平台、网络研讨会平台	网络研讨会平台	路线图平台

在 B2B SaaS 领域创建网络社群时，我们建议你考虑所有这些用例，因为它们可能全都与你的企业相关，并且十分有价值。然而，试图从一开始就一次性做好所有的事情，很难称得上一个好主意。相反，我们建议你思考企业面临的主要问题和机会是什么，然后将它们映射到这些用例之中，以确定网络社群的主要关注点。例如，你也许处在这样一种情形下：你最迫切的需求是升级客户支持团队，并改进产品的反馈循环，以便推动客户更多地采用产品，对其更满意。这使你有了一个很好的起点，使你在刚开始的几个月可以将自己的精力全部集中起来，重点解决这些问题。这会增加你较早见证成功和收获价值的可能性，特别是如果你按照我们在法则 9 中给出的建议，聚焦于真正的商业成果的话。

到目前为止，我们讲的大部分是常识，对陷阱的讨论也到此为止。接下来让我们反思一下必须考虑的其他重要因素。

第 2 步：理解你的受众和关键人物角色

确定了你最初创建网络社群的重点方向后，最好再考虑一下受众的独特性。正如我们在法则 4 中讨论的那样，你的公司可能已经定义了构成受众的关键人物角色，所以你可以充分利用这些深刻的见解。我们建议你从下面 3 个问题开始。

（1）你的受众规模有多大？关键的人物角色是什么？

（2）他们与你的产品建立了哪种类型的关系？

（3）他们与你的产品相关的最大需求和挑战分别是什么？

这 3 个问题中的每一个都可能为你提供了真知灼见，使你清楚地了解你当前身处的独特局面，以及哪种网络社群战略适合你。例如，受众规模的大小将告诉你，就持续的互动而言，达到临界点和实现有机增长到底有多难或多容易。如果你总共只有 100 位或 200 位客户，每家客户公司只有一两位用户在使用你的产品，那么，你的网络社群战略需要包括持续的积极努力以吸引这些受众。同样，客户与你的产品的关系的本质也会影响你的战略。如果客户每周花一两小时使用你的产品，那么，这种情况与客户每天都使用你的产品是截然不同的。

第三个关于客户需求的问题也许最重要。这个考虑事项似乎显而易见，但经常被人们忽略。为了制定正确的网络社群战略，你必须了解用户，知道他们最需要什么。他们是否面临很多技术上的挑战？他们是否经常遇到怎么做的操作层面的问题，并且一直在寻找最佳实践？他们是否有许多产品创意？他们是否在搜寻人脉和发展自己的事业？在这些方面，你可以检查第 1 步中定义的重点领域，因为你想对网络社群做的事情必须与客户的需求相匹配。有的网络社群团队没有充分考虑这一点，最终建立了一个以支持为中心的网络社群，而这根本不是他们当初的目标。最后，你的客户会用他们的行动向你展示他们对网络社群的期望。

为了进一步了解你的受众，一个好方法是引入数据和洞见。例如，客户最常向支持团队提出的 10 个问题是什么？客户流失的主要原因是什么？什么是最重要的成功因素？客户成功团队在客户那里面临的最大挑战是什么？如果可以的话，最有效的方法是安排一些客户访谈或发送调查问卷。这能为你提供深刻的见解，你可以直接将其应用到你的网络社群战略中。例如，在哪里专注于内容创作和与客户互动？在哪些方面需要付出最大的努力来满足客户的需求？这可能是你与客户互动并真正建立网络社群的开始。

第 3 步：反思你的组织和文化

现在你知道了要将精力集中在哪些地方，也验证了自己对受众及其需求的了解情况。接下来你需要考虑另一个通常没有得到充分考虑的因素——你公司独特的企业文化。我们在法则 10 中广泛地探讨了什么是文化，以及如何将文化和价值观融入网络社群。在这里，我们讨论如何在制定网络社群战略并执行创建计划时，将组织和文化考虑进来。你可以通过以下 3 个问题来反思。

（1）你的组织有多厌恶风险？

（2）你能用实验迅速证明网络社群的价值观吗？或者，你需要快速证明网络社群的价值观吗？

（3）你的组织如何看待网络社群的价值观？

合适的网络社群战略应当与组织的独特文化兼容并紧密结合。如果你的组织高度厌恶风险，那么也许你需要制订一个有条不紊的计划，通过一套渐进的步骤谨慎地向前推进。也许你发现最好的网络社群战略是大胆而快速地行动起来，做试验，并把每次失败都视为学习。这里没有正确或错误的答案，一切只取决于你的文化，以及什么会在你的组织中产生共鸣和发挥作用。

在第 1 步，你反思了需要重点关注的业务问题和机会。同时，反思你的组织如何思考和讨论价值观也是一个好主意。你是否需要制作一个可靠的投资回报模型，以清晰地显示财务收益或成本节约情况？或者，你的领导团队和更广泛的组织是否理解网络社群互动的内在价值，并能更好地响应网络社群中讲述的故事和展示的客户亲密关系？这些细微的差别有助于你了解如何考虑衡量标准和关键绩效指数。当然，我们建议你充分利用我们在法则 9 中概括的最佳实践。

第 4 步：考虑你的业务生态系统

网络社群并非存在于真空之中。它是更广泛的业务生态系统的一部分，这个系统由各种工具、渠道和接触点组成。你需要考虑整个业务生态系统的特点，以便确定你的网络社群的独特目标与战略。这里有 3 个示例问题供你反思。

（1）今天，你的受众还使用哪些其他资源？在哪里进行互动？
（2）你将如何在业务生态系统中定位你的网络社群？
（3）在这个业务生态系统中，你的网络社群的独特目标是什么？

在第 2 步，你考虑了受众的需求，这一点很重要。除此之外，你还要考虑哪些其他接触点可能满足这些需求，它们可能与你围绕网络社群设定的目标进行竞争。例如，你的受众可能有很强烈的社交欲望，但他们在领英或 Slack 群组中相对轻松地满足了自己这方面的需求。那么，你的第一步可能是反思自己是否应当将网络社群的侧重点放在社交上。为了成功地采用这个用例作为网络社群计划的一部分，你一定要保证，比起已经存在的东西，你提供的东西能够让客户更轻松地获得或增加额外的价值，否则这个用例就无法产生吸引力。例如，你的网络社群可以举办独特的群组和活动，为人们的社交提供便利，这是其他接触点做不到的。为了更进一步，你还要思考如何利用现有的接触点与你的网络社群建立联系，并且建立通向网络社群的交叉链接。

这些问题有助于确定你的网络社群将实现哪些目标，而这些目标在其他地方并没有（完全）实现。这对于网络社群的长期成功十分重要，原因在于，当网络社群有了明确的目标并且满足了其他接触点无法满足的需求时，网络社群成员就会留下来。

例如，我们常常遇到一个问题，不知道如何与基于知识的门户网站一起推动聚焦于支持的用例。正如我们在法则 3 中讨论的那样，我们相信，网络社群的愿景是与客户的旅程紧密相关的。而在法则 8 中，我们探讨了将网络社群作为客户中枢的理想方法。不过，我们还发现，一些接触点也服务于类似的目的，如与网络社群一同存在的基于知识的门户网站。在这种情况下，你应该反思它们之间真正的区别到底是什么。例如，网络社群服务于支持部门，但它强调最佳实践和"如何做"的操作层面的内容（参见法则 4），这些内容在基于知识的门户网站中并未展示出来。一旦明确了网络社群的目的，它就能为你的战略提供信息，并指导你如何在客户旅程中最好地代表你的社群网络，以及如何向组织讲述你的网络社群。

第 5 步：将你学到的知识融入网络社群战略和行动计划

在前 4 步，我们介绍了一种全面的方法来帮助你了解你的公司、受众及业务生态系统的关键要素。有了这些知识，现在，你可以深思熟虑地制定你的网络社群战略，使之尽可能产生很好的结果。

| CUSTOMER COMMUNITIES

在概括网络社群战略时，特别是在制定全年或更长时间跨度的计划时，我们最喜欢的一种方法是使用 OGSM 框架[①]。对于时间跨度较短的计划，如季度计划，使用目标和关键结果框架可能更有益。网上有许多关于如何使用 OGSM 框架的资源，因此我们在这里不会深入探讨这种方法，其本质非常简单，那就是在一个清晰的页面概述中编写你的目标、目的、策略与指标。

下面是一个使用 OGSM 框架的网络社群计划模板，它非常简单，其中包括几个常见的策略主题的示例。再向下一层，你还要拥有一套与每项策略相关联的特定战术（带时间线）。总之，这些将构成你的完整计划和路线图。一定要使计划与一系列具体的行动和战略联系起来，包括时间表和所有者。

目标：用一句话概括在这个时间段内你的网络社群的目标	
目的和指标	策　略
例如，你的第一个目的和关键绩效指标（围绕客户支持和自助式服务）	例如，你的第一项策略（围绕网络社群的定位和宣传推广）
	例如，你的第二项策略（围绕内容规划和创作）
例如，你的第二个目的和关键绩效指标（围绕互动和代言）	例如，你的第三项策略（围绕推动互动和代言）
	例如，你的第四项策略（围绕数据和洞见）
例如，你的第三个目的和关键绩效指标（围绕产品反馈）	例如，你的第五项策略（围绕平台优化和融合）

第一年你期待什么

推出一个新的网络社群可能既令人兴奋不已，又让人望而生畏。我

---

① OGSM 是 Objective（目标）、Goals（目的）、Strategies（策略）、Measures（指标）4 个英文单词的首字母组合。

第 15 章 成功创建网络社群的基石

们常常听到这样的问题:"我们应该获得多少网络流量?""我们是不是获得了足够多的成员?"想知道自己和其他网络社群相比到底做得怎么样是很正常的想法。你可以定期和客户一起开发基准数据来说明其中一些情况。但这些数据本身总是有局限的,因为它们没有考虑到你所在网络社群的独特性。Gainsight 公司分管客户成功体验与运营的高级副总裁泰勒·麦克纳利在回答一个关于基准的问题时,是这么说的:"什么是好的净推荐值?它会随着时间的推移而上升。它会让你积极主动地解决当前分值不高背后的根本原因。"

因此,不要聚焦于基准,而要考虑引领你的网络社群在众多主题之间逐步发展到成熟阶段。这样做更有益。你可以采用多种方法来思考网络社群的成熟度,但最简单和最常见的方法是考虑将其分解为一系列基本阶段。下图是一个简化的版本。

典型的B2B SaaS网络社群成熟度阶段

整合
谁:全公司
什么事:作为企业运营核心的客户互动
如何做:跨部门采用所有用例及网络社群的思维模式
关键绩效指标:多项商业成果

成熟
谁:客户成功团队/产品团队/营销团队
什么事:深度互动
如何做:一对一、代言计划、活动、产品反馈循环
关键绩效指标:有组织的流量、一对一、商业成果

采用
谁:客户成功团队
什么事:有效的和健康的网络社群
如何做:审查、常见问题解答、最佳答案、内容
关键绩效指标:未得到回复的话题、最佳答案、有益性

发布
谁:小型开拓团队或个人
什么事:成功地发布内容,为业务增长奠定基础
如何做:自助式服务的中心目的地
关键绩效指标:独特的访问者、新的注册者、帖子

使用这样一个简化的模型可能是有益的，有助于确定你在旅程中的位置，无论是在开始阶段实施某个小规模的"叛逆者项目"来为新的计划奠定基础，还是在高度成熟的阶段，该计划已经成为你公司的企业文化和 DNA 的一部分。或者，更有可能的是，像大多数公司一样，你处在中间阶段。

网络社群成熟度四象限模型

处理这些分阶段模型的难点在于它们没有抓住你在不同领域所处位置之间的细微差别，也没有对你下一步应当重点关注的事情提出可操作的深刻见解。为了解决这个问题，我们有时候使用网络社群成熟度四象限模型。这种模型将网络社群成熟度分为 4 个主题。

（1）组织。说到网络社群计划，你的组织在这方面有多先进？它是否已经根深蒂固地嵌入多个部门？你是否拥有使其成功的专用资源？

（2）流程。你是否已经确立了一个成功的网络社群计划所需的所有关键流程？

（3）用例的采用。对于 B2B SaaS 公司的网络社群，我们建议采用广泛的用例。在这方面，你做到哪一步了？

（4）整合。孤立的网络社群不可能成功。在客户旅程和技术栈中，你的网络社群的整合和嵌入工作做得如何？

使用这个模型的一种简单方法是在每个象限中问自己 7 个问题。这样，你从一开始就有了一定的基础，更重要的是，这将为你提供下一步应该关注哪个领域的相关线索。

第 15 章 成功创建网络社群的基石

① 组织

1. 你是否配备了一名网络社群主管来领导这项工作
2. 你是否建立了适当的审核机制来监控网络社群中的日常内容
3. 你公司的高管是否支持这项工作
4. 你是否将网络社群计划嵌入客户成功部门之中
5. 你是否将网络社群计划嵌入营销部门之中
6. 你是否将网络社群计划嵌入客户支持部门之中
7. 你是否将网络社群计划嵌入产品部门之中

② 用例的采用

1. 你是否利用网络社群来进行常见问题解答并创作聚焦于客户支持的内容
2. 你是否充分利用网络社群来共享具有教育意义的、鼓舞人心的内容
3. 你是否使用群组和活动来促进成员之间的社交与联系
4. 你是否通过在网络社群中传达产品的发布来获得产品反馈并闭合这个循环
5. 你是否通过网络社群来积极地推动代言
6. 你是否使用了当前的用例,它们覆盖了所有关键的人物角色
7. 你是否接触了所有客户

③ 流程

1. 你是否制定了清晰一致的审查流程
2. 你是否有一个关于计划和指标的路线图
3. 你是否定期以报告的形式分享网络社群中的数据、深刻的见解和企业成功案例
4. 你是否制定了网络社群内容创作日历
5. 你是否制定了一个流程来识别最重要的网络社群成员并与之互动
6. 循环
7. 你是否定期与高层领导开会讨论网络社群计划

④ 整合

1. 你的网络社群是否是一个中心登录页面,在其中,客户可以找到所有有益的资源
2. 你是否充分利用了联合搜索功能
3. 你是否使用了单点登录
4. 你是否在产品中或网站上嵌入了网络社群的内容
5. 你是否将网络社群与客户关系管理系统整合在一起
6. 你是否将网络社群与工单系统整合在一起
7. 你是否通过 Zapier 和/或 API 开发了自动化产品

答案得分:是(1分);有时这样(0.5分);否(0分)。

组织中的反对意见

现在,我们希望你对客户网络社群可以为你的公司带来的价值感到兴奋,并且围绕如何将战略和行动计划整合在一起而考虑了很多。然而,根据我们的经验,有时你会遭到组织中其他人的反对。幸运的是,我们发现大家提出的反对意见往往是一些极其常见的内容,他们反对的原因在于缺乏网络社群互动的经验,以及由此产生的一些可以理解的担忧。在第 16 章,我们将引导你了解组织中最常见的反对意见,并且分享应对它们的有效方法,从而获得所需的支持。

第 16 章
常见的反对意见及应对方法

如何回应 9 种常见的反对意见

和每次重大变革和新的举措一样，创建网络社群既能让人们感到兴奋，也会引发人们的焦虑。虽然你自己读过本书后，（差不多）已经准备好了你的战略，并且完全相信它会成功，但其他人可能有所怀疑，想提一些问题。

如果你正在探索如何启动网络社群建设，我们的第一个建议是让你的业务领导者针对战略讨论要点达成一致意见。让你的领导团队、支持团队、客户成功团队、营销团队和产品团队等阅读本书。观察他们阅读的情况，确保他们理解书中的核心概念。这将有助于你获得广泛的支持，避免在创建网络社群的过程中出现不同的声音。

然而，对于你即将推出的举措，即使你做好了充分准备，进行了完善的沟通，你也可能会遭到一些人的怀疑或反对。大多数反对意见与价值、资源、时间、组织支持及风险等相关。当然，如果有人提出反对意见，你可以请他们阅读本书，但你也希望能够直接回应他们。在本章中，我们将逐一描述常见的反对意见，以及一般情况下你应如何回应。请注意，几乎所有的反对意见都与人们的不理解有关，他们不理解网络社群如何运营、如何提供价值等。因此，我们在这里将分享一些信息和背景，这些信息和背景并不是人人都能掌握的，但每个人都可以从中受益。

第 1 条反对意见：创建网络社群耗费太多资金

创建网络社群确实需要具备奉献精神和一定的资源。但是，正如我们在本书中特别是在法则 9 中介绍的那样，网络社群的存在是为了推动实现真正的商业成果，带来可观的投资回报。所以，你首先要定义你想要的结果，然后估算实现它们所需的资金，然后做出合理的决策。如果你的公司还没有足够的财力，不能投资大型网络社群计划和自有平台的建设，那么可以考虑我们在法则 1 中讨论的小型网络社群的建设方法。

第 2 条反对意见：我们没有创建网络社群的资源

当你首次创建网络社群时，一种常见的误解是，创建网络社群需要耗费大量的资源。我们发现，对于成熟的计划，最好的做法是让一些专门从事这项工作的全职员工（通常是网络社群主管，以及可能的版主和某些其他专门的角色）推动网络社群计划的实施。同时，我们还看到，有些公司开始有效地将责任分解到几个人身上。在实际工作中，这可能意味着这几个人每周都要花几小时来启动和推进网络社群计划。随着时间的推移，网络社群计划不断赢得支持，不断发展壮大，并带来价值。到那个时候，网络社群就会由专门的部门和人员来负责。

第 3 条反对意见：我们没有时间创建和管理网络社群

一流的公司会招聘一位全职的网络社群员工来管理和协调日常工作，这位员工就是网络社群主管。当你的公司没有这样的人时（如预算不够、还未招聘成功，或者你想先看一下网络社群计划能不能增加价值等），可能需要某位员工履行额外的职责，这种额外的职责让人感觉压力山大，并且很耗时。

创建和管理网络社群的确需要时间，但这是值得的，而且从长远来看，你还能收获回报。让我们来看一个例子。你每天花多少时间回答一个被反复提出的问题？花同样长的时间来写一篇文章，将其发表在网络社群中，在文章中为这个问题提供一个深刻的答案。下一次，你可以简单地将用户引领到网络社群中的这篇文章上，而不是一对一地回答问题，从而节省数小时的时间。此外，网络社群允许其中的其他成员给出反馈，这样一来，随着时间的推移，网络社群中的内容（你的文章加上其他成员的反馈）将变得更加全面、更加优秀。

第 4 条反对意见：听起来很不错，但我们还有其他优先事项

在每家公司，计划和创意总是多于资源。优先排序是创办成功企业的关键因素。因此，诸如年度规划会议、目标和关键结果、OGSM 等组织框架，都是任务关键型的，也就是说，它们的任务对实现企业目标十分关键。如果有人说还有其他的事情需要优先考虑和优先处理，那么他们基本上是在说，其他项目具有比网络社群更高的价值。如果你遇到这样的反对意见，可以试着在网络社群项目的价值和付出上找到与对方的共同点，然后讨论应当把这个计划放在优先事项列表中的哪个位置。如果大家确实有其他优先事项，你可以试着将计划缩小一些。毕竟，正如我们在法则 1 中提到的那样，你可以随时开始，哪怕是很小的计划。

第 5 条反对意见：没能说服组织中的其他人

网络社群可能涉及组织中多个层级的人员，也涉及多个团队，如支持团队、客户成功团队、营销团队和产品团队等。并不是组织中的每个人都能理解网络社群的价值，其他利益相关方会假定建设网络社群的成本高于收益。

抽时间和其他团队负责人面谈，询问他们担心什么，并向他们展示网络社群可以给他们的团队带来什么价值。

| CUSTOMER COMMUNITIES

- 支持团队可以从网络社群中受益，因为网络社群减少了支持工单的数量。网络社群可以处理最常见和最简单的问题，以帮助支持团队专注于能够增加价值的互动。
- 客户成功团队可以从网络社群中受益，因为网络社群可以帮助他们扩大数字化客户成功的成果，为客户创造一个可以在其中相互联系和相互学习的空间，而不仅是从团队中的客户成功经理那里学习。
- 营销团队可以从网络社群中受益。营销团队经常需要寻找演讲者并创建优秀的案例研究。这些资源都可以在网络社群中找到。
- 产品团队可以从网络社群中受益。他们可以通过整理网络社群中提出的产品反馈极大地提高效率。他们还可以通过在网络社群中宣传新的产品性能直接影响产品的采用。

第 6 条反对意见：我们不需要社群，因为我们拥有知识库/工单系统/学习管理系统/文档/产品反馈工具

如果你的客户可以使用你提供的各种各样的接触点和资源，那就太好了。不过，网络社群计划也可以为你目前已有的一切资源带来一些独特且互补的好处。网络社群能够作为一个中心目的地，将所有有益的资源整合到一起并展示内容，从而提供更流畅的客户体验，而非碎片化体验。此外，网络社群还为一对多的交流、点对点的常见问题解答、客户教育及其他众多互动提供了独特的空间，从而为提高客户互动水平和获得数字化客户成功铺平了道路。

第 7 条反对意见：客户群体规模太小了，我们没有能力创建网络社群

没错，当客户群体规模较大时，创建一个引人入胜的网络社群较为容易，而且，要想从自有网络社群平台中获取价值，实际上需要一定的客户规模。根据我们的粗略估计，在拥有真正有意义的网络社群平台之前，你的 B2B SaaS 业务至少需要 50 位客户。然而，正如我们在本书中讨论过的那样，永远不要觉得自己的客户规模太小，从而不愿意启动网络社群建设。最初的努力可能是更多地关注小型聚会和与客户的直接互动。我们建议你从一开始就这么做，无论你当时有多少位客户。

如果你的客户群体规模较小，我们建议你为企业制订一个长期规划，概述随着企业规模的扩大，网络社群的建设要如何相应地调整和发展。这可能意味着你将在未来几年投资一个自有网络社群平台和计划。

第 8 条反对意见：我害怕负面反馈

我们太常听到这句话了。许多公司害怕推出网络社群后会被负面反馈淹没。但在我们多年的网络社群创建经历中，海啸般的负面反馈从未发生在任何一家客户企业身上。是的，负面反馈的确存在，但这仅意味着客户对他们的某些体验不满意。无论你是否拥有网络社群，客户都会向朋友、同事，甚至在社交媒体渠道上表达自己的不满。因此，收到来自网络社群的负面反馈是一个绝佳的机会，它为你提供了一个加入对话并纠正错误的机会。

如果网络社群成员的行为越界了，你可以依靠网络社群的"条款和

条件"来进行约束与管理。只要你的网络社群成员能坚持这些良好的行为准则，你就可以接受批评，回应批评，并在公司内部广泛地分享客户的批评意见。网络社群能够成为令人难以置信的变革助推器，通常在推出后的几个月内发挥巨大作用。带着真心实意来回应批评表明你在倾听，可以改变不满客户的态度。事实上，我们不止一次看到，随着时间的推移，即使是网络社群中最激进的批评者，也有可能转变成为忠实的支持者。

第 9 条反对意见：我害怕竞争对手看到（并窃取）我的内容

在创建网络社群时，你和你的客户都将分享有价值的内容。正如我们在法则 3 和法则 4 中探讨的那样，这些内容可能围绕思想领导力、你的产品、你的远景规划、最佳实践、客户故事等。在某种程度上，这实际上意味着你进入了一个全新的世界并在其中分享内容。当然，你的竞争对手也能看到或使用这些内容。无论你分享什么内容，都是这种情况。竞争对手还可以观看你举办的网络研讨会、你在重大活动上的演示，以及你的营销博客。我们发现，在这方面，最有效的心态是慷慨地分享你的最佳创意和最有价值的内容。自从创办 Gainsight 公司以来，我们一直是这么做的，我们通过"脉冲"活动、营销博客、社交媒体帖子及出版的书籍来分享知识。我们坚定地相信，正是这种开放和慷慨的心态才帮助 Gainsight 公司确立了在客户成功领域的领先权威和思想领袖地位。

你也可能希望对某些信息保密。在你的网络社群中，你可以在特定的区域限制他人访问。例如，你可能希望客户只能访问产品反馈部分的内容。你甚至可以决定，只有在客户签署了保密协议（如针对 Beta 测试计划）之后，才放开对特定区域的访问权限。你还可以完全限制客户对网络社群的访问。例如，在网络社群中设置只有在登录后才能访问。不过，我们通常不推荐这种做法，因为更开放的网络社群空间往往更具有吸引力，并且更加成功。

其他反对意见或棘手的问题

或许你还遇到过另一些上文没有提到的反对意见，或者想起一些你还没有搞清楚答案的问题。如果是这种情况，我们建议你访问我们的网络社群，并在那里寻求帮助。

后 记

随着本书趋近尾声，我们发现，我们正在反思这段写书的旅程，它一直引领着我们围绕网络社群的强大威力来写。撰写本书最初只是一个商业项目，是我们每周日常工作的一部分，但很快它就变成了我们个人的艰辛付出之旅。而这段旅程由于我们塑造的一些个人经历和故事而变得丰富多彩。这些经历和故事既构成了生机勃勃的业务生态系统，也在这个系统中得到了塑造。

我们在探寻并理解蓬勃发展的网络社群的本质的过程中，有幸和一些杰出的个人建立了联系，他们分享了自己的经历和深刻的见解。在他们的故事中，我们发现，除了价值观的交流，以人为本的沟通和联系、同理心、人们对业务增长与合作的共同愿望进一步点燃了大家对网络社群的热情。

随着更加深入地观察许多企业高管的生活，我们被网络社群对他们个人成长产生的深远影响深深地震撼。在每个成功故事的背后，都有无数人伸出援手，提供指导，给予坚定的支持。越来越明显的是，在商界，真正的成功不是单独通过利润来衡量的，而是通过人们在此过程中造就的网络社群人际关系的力量来衡量的。

我们在创建 Gainsight 公司时，也经历过这一过程。我们看到，数百名领导者由于在我们的网络社群中建立了联系而在职业生涯中获得晋升。事实上，有的企业领导者甚至不希望他们的员工参加我们的"脉冲"活动，因为员工们可能会在网络社群中遇到其他企业的优秀领导者

后 记

从而跳槽。这真实地证明了网络社群能够推动一些事情的发生，从而真正地改变人们的生活。

我们还思考了网络社群对我们的个人生活产生了怎样深刻的影响。我们在这段旅程中遇到的同志情谊、学到的他人无私分享的知识，以及不断冒出的数不清的灵感，在我们作为 CEO 和企业领导者的发展道路上给我们留下了不可磨灭的印迹。

希望你从本书中收获的深刻见解能够作为你的指路明灯，照亮你创建成功的网络社群的道路——无论是在你的个人生活中还是在你的工作环境中。成功的网络社群会支持你的家人和朋友，支持你的客户，让他们获得成功，取得成就。请记住，你最大的成就感并不是单独通过边际利润衡量的，而是通过你对他人人生的影响和留下的传奇故事衡量的。

感谢你加入我们这段具有变革意义的旅程，愿网络社群继续繁荣兴盛，为我们所有人创造一个更好的、以人为本的未来！

尼克·梅塔和罗宾·范·利斯豪特